Mots pour maux
D'une vie à l'autre

Véronique Lanonne

Mots pour maux
D'une vie à l'autre
Recueil

LE LYS BLEU
ÉDITIONS

Pour Maguy, Renée et Jean

L'amour comme un vertige, comme un sacrifice, et comme le dernier mot de tout.

Alain Fournier

Prologue

C'est pas de la grande littérature. Y a pas souvent de : « ne pas ». La négation complète, c'est pas mon truc. Et alors, on s'en fout, non ? Je colle des mots qui fouettent. Des qui font mal parfois. Des qui réveillent, j'espère.

C'est pas de la grande littérature, mais tous les mots ont leur place et l'ordre est essentiel. Le rythme aussi. C'est dans les cœurs qu'ils pénètrent, là où ils sont importants. Ils respirent les drames, les vôtres et puis les miens. Ils rompent les solitudes, tissent des liens. Ils sont l'amour aussi, l'amour qu'on oublie trop souvent. Celui qu'on fuit et celui qu'on tait. Pour pas se faire mal. Pour pas blesser.

C'est pas de la grande littérature et ça rentre pas dans les cases. C'est pas des vrais poèmes si tu comptes bien mais ça rime, parfois. C'est pas ma vie, même si je m'en sers. Je vole, je pique des morceaux de cœurs et je les expose, pour que d'autres s'en servent pour réparer les leurs.

C'est pas de la grande littérature mais en te bougeant toi, je me bouge moi. Je m'aime plus. Je m'aime mieux. Y a pas que des drames, si tu lis bien. Y a pas que des drames. Ce qu'ils font de nous, ce qu'ils révèlent, ce qu'ils dénouent. Un peu de ta vie, je te l'ai dit.

Un peu de la mienne aussi.

C'est pas de la grande la grande littérature mais je vais pas arrêter d'écrire. Je vise pas le Panthéon. Je te vise toi. Je te vois comme je me vois. Et je te l'ai déjà dit, je m'aime. Pour vrai, comme disent les Québécois. Pour vrai.

Le couple

Le resto du vendredi

T'es arrivé la bouche pleine de toi, encore une fois. Je crois bien que c'était la fois de trop. On ne sait jamais quand ça arrive, juste quand c'est là. Une évidence qui éclate et tout explose. Des bouts de nous, qui s'usent et nous échappent. Des morceaux de moi, que j'arrache jour après jour, juste pour te plaire. Juste-pour-te-plaire.

Je me suis perdue, le savais-tu ? J'avais oublié le *je*, je pensais *nous*. Ce soir, je te regarde dans ton beau costume bleu, celui que j'aimais tant. Tu sembles perdu dedans. Je t'écoute plus. Je t'admire plus. T'as les yeux vides et mon cœur t'expulse. J'ai envie de m'enfuir. J'ai envie de courir. J'ai envie de crier. J'ai envie de pleurer. Te vomir pour ne plus avoir à te penser.

Mais je reste là, face à toi, dans notre resto du vendredi. Je fais semblant d'écouter tes projets. Je fais semblant de t'aimer encore. Je souris quand tu poses ta main sur la mienne. Je condamne mon corps à supporter ta peau. Tu me demandes si tout va bien. Ma raison vacille. Je hurle que non, ça ne va pas ! Que je t'aime plus depuis des mois déjà ! Que tout en toi m'est devenu insupportable. Que je me souviens même plus qu'un jour j'ai pu t'aimer. Ton odeur me répugne. Ta voix m'horripile. Tout en toi m'étouffe. Mais je me ressers un verre de vin et je murmure : « Oui. Tout va bien ».

En vérité, rien ne va plus, les jeux sont faits. Mais toi, t'en sais rien. Je te hais pour n'avoir rien vu. Je nous déteste. Le temps n'y est pour rien, il ne prend toujours que ce qu'on lui laisse. Je me suis abandonnée par amour, j'ai renoncé à moi, aux rêves que j'avais pour coller aux tiens. Je sais plus où je suis, je sais plus qui je suis, pis là, tu me dis que tu m'aimes. C'est la goutte d'eau.

Je ne fais pas dans la dentelle. Je balance, j'évacue. Là, au milieu de notre resto du vendredi, entre deux verres de vin, je te dis que je t'aime plus. Je déverse sur toi mon malheur parce qu'à bien y regarder, t'en es en partie responsable. Tu ne comprends pas ce qu'est en train d'arriver. T'es sous le choc. Tes yeux s'embrument à peine et je me déchaîne. Fallait que ça sorte. Y a pas de jolies manières pour sonner le glas.
Je vois bien qu'autour de toi tout s'écroule mais moi je vis sur des ruines depuis des mois.

J'éparpille des fragments de nous et je dissous tout ce qui reste. Je veux pas que tu doutes. Je veux pas que t'espères. Tu me dis que t'es sûr qu'il y a quelqu'un d'autre. Comme si je ne pouvais pas arrêter de t'aimer seule. Je vois bien que t'es dévasté, tu me trouves cruelle. Nous piétiner ainsi dans notre resto du vendredi. Tu me dis que j'ai pas de cœur.
T'as raison, le mien je te l'ai donné, regarde ce que t'en as fait. Tu me dis qu'on se donne en spectacle et qu'on règlera ça à la maison.

Tout est réglé pour moi, sauf l'addition.
16

Pas ce soir

Je n'irai pas. Pas ce soir. Ce n'est pas un « plus-jamais » mais c'est ce qui s'en rapproche le plus. J'ai lutté pour en arriver là.
Dire non, alors que tout en moi hurle « OUI, JE LE VEUX ». Courir à en perdre haleine et me jeter dans ses bras, dans ses draps. Oublier qu'il ne m'aime pas. Le laisser se servir de mon corps pour que le sien explose. En me disant qu'à l'usure... les mensonges qu'il dessine sur ma peau, au creux de mon âme, deviendront équivoques. J'en suis là. Je ne souhaite plus l'unisson. Il ne pourrait me l'offrir. J'espère l'hésitation.

Je m'accroche à des riens, pour en tisser des tous. Une main qui s'attarde. Des genoux qui se touchent. Des mots plein les yeux quand sa bouche est muette. Un appel, la nuit, quand le désir tempête. Il n'a que moi. Il ne veut que moi. Et l'incertitude quand je raccroche. Qu'une autre coure éteindre son feu. Qu'il lui offre ce qu'il ne peut me donner. À la merci d'un amour onirique, je ne peux me résoudre à le quitter. Il ne m'aime pas et je l'aime pour deux. Il ne m'aime pas, il se sert de moi.

Je n'irai pas ce soir mais l'envie me consume. Il me supplie, je peine à résister. Je pense à ses mains, je pense à sa voix. Au toucher si subtil de ses doigts délicats. À ma peau, qui toujours y succombe. À mon désir frustré de n'être pas aimée.
Je n'irai pas ce soir satisfaire son ardeur. Pour que mon corps esseulé finisse par lui manquer.

Ma chance

Au premier coup porté, mon monde s'écroule.
Cet être tant aimé m'assassine pour mon bien.
Il me tue par amour, m'efface, me disloque,
Étrangle mon cœur, bafoue mon honneur,
Sur ma peau, mille fois, sa tendresse s'étale,
Dans ses mots cadencés, je deviens moins que rien.

Je suis une erreur, un fardeau, inutile au foyer,
Inadaptée en société, il me cache pour me préserver,
Me soustrait à ceux qui ne savent pas m'aimer.
Lui, ô combien, sait me choyer, m'embrasser puis me gifler.
Sous ses poings, mon corps s'abandonne,
Mes cris s'éteignent. Je l'ai mérité.

Je dois disparaître, je suis sa faiblesse car sans moi il n'est rien.
Par amour il me reste, par amour il me moleste,
J'ai tellement à apprendre et il m'enseigne avec élan,
Dans ma chair entaillée, s'impriment ses commandements.
J'obéis. Il est ma vie, mon monde, mon mari,
Un père attachant, un ami charmant.

On me dit ma chance d'être aimée de lui,
On me dit sa valeur, on me loue son courage,
On me vante sa douceur, son éloquence rare,
Un homme de cœur qui s'occupe des siens,
On m'envie, on me jalouse lorsqu'il m'étreint,
Lorsque sur moi, il pose sa main.

Je suis votre sœur, votre amie, votre famille,
Une inconnue croisée dans une rue,
Je baisse la tête ou bien me cache,
J'ai honte, je ne suis pas lâche,
Je ne suis plus rien et plus personne,
Il m'a tout pris, même ma vie.

Dernière fois

C'est la dernière fois !
C'est facile quand t'es pas là,
Dire un *plus jamais*,
S'y accrocher. Comme une bouée pour m'échapper de toi.
Fuir un *nous* de bazar parce qu'il n'existe que pour moi.
Je vaux bien mieux que toi.
Bien mieux que ça !
Et pourtant, je me liquéfie dès que j'entends ta voix.
Tu me fragilises, tu m'ébranles, tu m'altères. Tu me mets la
tête à l'envers.
J'ai le cœur en émoi, les sens qui se mélangent,
Ton parfum danse dans mon corps, tes mots flottent sur ma peau.
Je me déteste.

C'est la dernière fois !
J'aimerais être elle, tu sais. Chaque jour, chaque nuit.
J'aimerais être elle et cesser d'attendre.
Pouvoir me réveiller à tes côtés, sentir la chaleur de ton souffle,
Écouter ta peau qui frissonne,
Et voir dans tes yeux, plus que du désir, bien plus que l'envie,
Tu m'aurais choisie.
Mais je reste la femme de l'ombre,
Celle qu'on n'épouse pas.
Alors, je me déteste.

C'est la dernière fois que je te laisse m'appeler mon amour,
La dernière fois car, au fond je sais bien que tu ne m'aimes pas.
Pas comme je t'aime moi.
Je ne suis que des heures éparpillées,
Des instants dérobés,
Un entre-deux actes.
Et moi, je n'ai que toi.
Je me déteste.

Laisse-moi te quitter, ou mieux, quitte-moi, parce que moi je
n'y arrive pas.
T'aimer me fait du mal et je veux plus avoir mal.
Mais je veux entendre *mon amour* encore une fois.
Sentir ma peau pétiller sous tes doigts,
Enlacer ton corps et te serrer contre moi,
Faire vivre un *nous* qui n'existe pas.
Croire que le temps que tu me donnes,
Ce n'est pas à elle que tu le voles.

Je vais encore l'ouvrir cette foutue porte quand tu sonneras,
Mais ça sera la dernière fois.

Comme si

Je l'avais enterré avec les autres, bien au fond. Un secret qui terrifie, de ceux qui détruisent. J'ai fait comme si. Comme si tout allait bien et j'y ai cru. Longtemps. J'ai forcé le courage à coup de médocs et quand ça ne suffisait pas, je prenais un verre, ou deux, ou jusqu'à ce que j'oublie. On ne s'en remet jamais vraiment. Je n'ai jamais parlé. À personne. J'avais honte. J'avais peur aussi. Mettre des mots dessus, c'était le faire revenir. Il est mort maintenant, alors, à quoi ça sert. Je l'ai aimé mon agresseur. Ce n'est pas des choses qu'on dit. Mais je l'ai aimé, juste avant qu'il ne me viole. Il était mon premier amour. J'étais une petite chose effrayée à l'époque et lui, un guerrier. Il m'a tout appris. L'amour aussi. Il était ce que j'avais peur d'être. Mon opposé complémentaire. À un âge où tout est encore intense, on se croit invincible.

Je me souviens du point de bascule. Dans ses yeux. Je l'avais déjà vu avant mais j'avais fait comme si. Je l'aimais, il m'aimait, ça me suffisait. Un non et tout change. Un non et une gifle part, puis une autre, puis ses mains sur mes poignets, son corps puissant qui m'écrase. Je m'enfuis. Je ne suis plus dans mon corps, je vole au-dessus. Je le vois sur moi. Je vois la voiture dans le chemin de terre. Mes chaussures sur les feuilles mortes.

Je ne veux pas y croire, je me dis qu'il va me tuer. Je me dis qu'il m'aime. Je n'ai pas crié. Je ne me suis pas débattue. Le temps n'existe pas. Une minute ou une heure. Toute la nuit. Je ne sais plus. Il m'a dit *rhabille-toi, tu vas avoir froid* mais je ne sentais plus rien. Il m'a ramenée à la maison en me disant *à demain*. Comme si.

Je ne suis pas sortie pendant des jours. Je n'en ai jamais parlé. Qui m'aurait crue ? Il était mon amour. Je ne suis plus la même, j'ai basculé avec lui ce jour-là. J'essaie de faire comme si. Comme si je m'étais défendue, comme si j'avais parlé. Puis je me dis que j'ai eu de la chance. Je suis en vie.

Cyanure

Je t'ai tué longtemps. Dans ma tête. Je te torturais avant. Je te faisais mal en te regardant dans les yeux. J'expulsais ma souffrance et la faisais tienne. T'es là aujourd'hui. Vraiment là je veux dire, pas que dans ma tête. Assis sur un de mes tabourets de cuisine. Mais t'es déjà mort. Tu te ressembles plus, t'es tout vouté, tout froissé. Un bonhomme de neige après le dégel ! Si j'avais du cyanure, j'en verserais dans ton café, histoire d'abréger tes souffrances mais j'en ai pas. Alors, je t'écoute. Enfin, pas vraiment. C'est le bordel dans ma tête... Je cherche mentalement où j'ai foutu la bouteille de débouche-chiottes pour en fourrer dans ton café. Le bain... Voilà ! Toi, dans le bain, avec le chauffage d'appoint. Le couteau de cuisine qui dérape dans ta glotte. Un accident domestique. Un suicide assisté, j'hésite...

Tu continues à dégouliner sur mon plan de travail en marbre noir. Je te file le rouleau d'essuie-tout pour éponger. Celui bien rêche acheté chez Lidl par lot de vingt et je planque le paquet de *kleenex Balsam*. Si je t'écoutais, tu finirais encore par m'embobiner, et ça, je veux plus. Même délabré, si je te regarde, mon cœur s'emballe. Il est con mon cœur ! Alors je file le relais à ma tête, elle, elle assure. Elle échafaude, elle prémédite, elle manigance… T'es un homme mort !

Je reste à distance. Je m'adosse à la plaque de cuisson et je vois tes mots couler dans l'évier. Je n'ai qu'une envie, fourrer ta tête dans le broyeur. T'as toujours ta fossette, même si tu ne souris pas, je la vois, un petit sillon à droite. Un *je suis désolé, je t'aime encore* dérape et se faufile jusqu'à mon cœur. Non seulement il est con celui-là, mais il est fragile, il sursaute. Je ferme les yeux en respirant calmement et ma tête reprend le contrôle. On classe ça avec les *je recommencerai plus… c'était une erreur… je ne l'ai vue qu'une fois… Elle n'est pas toi*, j'en passe et des meilleurs.

Je ne vais pas te pardonner cette fois. Pas parce que je ne t'aime plus. Non. Je t'aimerai toujours. C'est comme ça. Si je te tue en permanence, c'est bien que je t'aime encore. Non, je ne vais pas te pardonner parce que si je le fais, c'est à moi que je ne pourrais pas accorder mon pardon et je crois que je veux m'aimer moi. Alors je vais te laisser finir. Je vais même te regarder en te laissant croire que c'est encore possible. Juste pour le plaisir.

Et t'y crois. Tu me vois sourire. La lueur au fond de mes yeux, c'est un feu de joie mon amour. C'est toi que je brûle. Nous. Notre amour. Ce qu'il était et ce qu'il ne sera plus jamais.

Tu tends la main, tu pousses l'amour vers moi mais ton amour je n'en veux pas. Ça flambe, tout flambe dans ma tête, c'est mieux qu'à la Saint-Jean. Je danse autour. Je pleure aussi. Dedans. Toi, c'est dehors que tu te répands. Je vais te filer le coup de grâce, j'ai hâte. Tes phrases s'étendent et se délitent sous mes yeux. Tout prend toujours des plombes avec toi, t'as jamais su en finir vite. Il n'y a bien qu'au lit que tout ça prenait du sens. La fameuse question tombe enfin. Mon esprit jubile. Je vois ta tête sur le plan de travail en marbre noir et le couperet juste au-dessus. Je te regarde en silence. Je souris. Tes yeux sont si beaux quand tu pleures.

Je te hais de tout mon cœur. Toi, tes mensonges, tes larmes et ta putain de fossette, allez tous vous faire foutre. Je souris. C'est fini.

Dépression

J'aurais préféré que tu meures, mais ça, à qui je peux le dire,
Qui peut l'entendre sans me juger,
À croire que j'ai brûlé mon cœur de t'avoir trop aimé.
Tu traînes ton malheur dans la maison, t'en éclabousses nos murs,
Je te regarde t'enfoncer, vile torture,
Dans les tréfonds qui t'appellent, le vide qui t'entraîne,
Toujours plus bas, toujours plus loin et tu vois plus ma main.

J'aurais préféré que tu meures, mais ça, à qui je peux le dire,
C'est pas que j'ai pas de cœur, non, c'est bien pire,
Je te trouve lâche de t'laisser emporter sans combattre,
Lâche d'avaler tes pilules sans te débattre.
J'aime pas ce qu'elle a fait d'toi,
J'aime pas ce que t'es devenu.
Un puits sans fond de misère, un inconnu.

J'aurais préféré que tu meures, mais ça, à qui je peux le dire,
À qui je peux le dire sans qu'on me condamne,
Qu'on me jette des pierres ou qu'on ricane,
J'ai le cœur tout sec, faut que ça s'arrête.
Je me sens perdue dans ta tempête.
T'es plus qu'un corps et moi un silence.
Et je suis l'témoin de ta déchéance.

J'aurais préféré que tu meures, mais ça, à qui je peux le dire,
À qui je peux le dire sans me maudire,
D'avoir pensé que l'amour pouvait te guérir,
D'avoir pensé que t'étais coupable,
Face à cette sournoise qui t'accable,
Juste pour oublier mon impuissance,
Et nier qu'à l'évidence,
La dépression dévaste bien plus qu'une existence.
C'est toi qui meurs et c'est moi que j'enterre,
Dans le tombeau de mon ignorance,

J'aurais préféré que tu vives, mais ça, à qui je peux le dire,
À qui je peux le dire, si même toi, tu ne l'entends pas.

L'oubli

J'ai oublié de t'aimer, j'avais d'autres trucs à faire. Ce ne sont pas les habitudes qui étiolent l'amour, c'est le manque d'intérêt. Quand l'envie disparaît, les priorités changent. Tu ne fais plus partie des miennes. À trop te connaître, j'en ai usé l'envie.

J'ai oublié de t'aimer quand t'as arrêté de rêver, assis dans la certitude que rien ne pourrait changer. T'as déposé les armes et tu t'es laissé glisser. Partageant le désespoir d'une humanité déçue, avide de guerre, autant que de misère.

J'ai oublié de t'aimer quand t'as cessé de te battre. Quand t'as cessé d'y croire. Quand t'as cessé de me voir. T'as perdu mon respect à force d'intolérance. Tes croyances sont devenues nos dissonances.

J'ai oublié de t'aimer quand t'as dit que j'étais naïve. Que le monde était pourri et que toi, t'étais maudit. J'ai oublié. Pour pas sombrer dans ta folie, pour arrêter de souffrir de te voir ainsi fléchir.

J'ai oublié de t'aimer, tu dois partir. Laisser aux enfants une chance de voir le monde avec mes yeux. Chérir la vie autant que l'amour, et avancer avec bravoure.

Bipolaire

Si on se connaissait assez, je te dirais de venir, tu verrais mes yeux bouffis d'avoir trop pleuré et je n'aurais rien à t'expliquer. Si je t'aimais un peu, je te parlerais peut-être des doutes qui, parfois, submergent ma raison. De toutes les souffrances que je tais et des douleurs lancinantes qui m'oppressent. Tu mettrais ta peau sur ma peine. Tu serais là. Tu m'accepterais sans me juger, tu m'aimerais sans condition. Tu supporterais mes débordements, mes fous rires incontrôlables, mes joies éphémères et mes peines qui s'éternisent.

Si tu m'aimais, ma souffrance serait tienne. Je poserais mon sac sur tes épaules et mes larmes au creux de ton âme. Je détruirais, sans vergogne, le moindre de tes rêves. Je t'enverrais au ciel et en enfer aussi souvent que je le suis. Tu perdrais tes repères et je t'entraînerais dans ma folie. Tu verrais la noirceur du monde autant que sa lumière. Tu flotterais, tu coulerais, sans répit.

Si on se connaissait, tu finirais par m'aimer. Guerrière ou errante. Tu m'offrirais ta protection. Tu serais mon nid. Mon refuge. L'écrin de mon âme tourmentée. Otage d'un amour irraisonné, je ferais de toi mon prisonnier. Je ne souhaite pas te connaître, je ne veux pas t'aimer.
Je me consume et toi, tu es sauvé.

Notre-Dame

Pierre,

Tes photos sont enfin arrivées, quel bonheur de vous voir, les enfants et toi, si heureux après la reconstruction de l'orphelinat. Bientôt 4 ans. Triste anniversaire. La terre a englouti bien plus que des maisons en bois. Mais, à l'autre bout du monde, peu s'en soucient. Je sais combien ta présence est importante pour eux, je n'ai pas le droit de dire que tu me manques. Toi au Népal, moi à Québec. Aimer, parfois, c'est renoncer à être ensemble.

Je n'ai pas choisi le toit du monde mais j'ai choisi, tout comme toi, une terre peu encline à recevoir la vie. Pourtant, j'y suis heureuse. Je t'avoue qu'en ce moment, les mots m'oublient. Je reste des heures devant une page blanche sans qu'ils viennent. Je sais ce que tu dirais. Tant que mon cœur battra, ils seront là. Mais, pour l'instant, ils se cachent. Comme le printemps.

Je n'ai pas entendu le chant des oiseaux depuis si longtemps ni eu le plaisir de voir une fleur s'épanouir. J'ai tant envie de m'asseoir sur un banc. Me laisser éblouir par le soleil sans être glacée par le vent. Le blanc me manquera, mais pas tout de suite.

Là, j'ai juste besoin du printemps et de la renaissance. De la vie sous le blanc.

Je me souviens de notre séjour à Saint-Jean-de-Luz. Du soleil, de ta main dans la mienne. Des embruns iodés qui nous rafraîchissaient. Et du fameux château de sable emporté par une vague. Plus que le château, reste gravée en moi ta déception de voir tous tes efforts réduits à néant. C'est la vie qui compte. Pas les maisons en bois, en sable ou en pierre. Je dis ça à l'heure où Notre-Dame se consume, emportant avec elle un morceau de notre histoire. Une flèche tombe et le monde pleure. Oubliant que l'histoire, c'est aujourd'hui, et que ce sont les hommes, pas les lieux qui la forgent.

Toi, plus que nul autre sait. On sauve des pierres et on oublie la vie. On préserve des lieux, pour ne pas oublier qui nous sommes et on ravage notre terre. Je vais regarder tes photos à nouveau. Un orphelinat en bambou, des enfants qui sourient. Ça me fera tout oublier. Oublier que tu me manques. Oublier que les hommes s'égarent bien trop souvent. Oublier que l'hiver n'en finit pas, et, qui sait, retrouver la foi derrière le feu.

Je t'aime.

Catherine

Équité

C'est arrivé. J'étais là et je n'ai rien vu venir. Vingt ans à peine pour que tout s'installe. Plus rien ne les arrêtera. Elles ont tellement morflé qu'il fallait bien s'en douter. On les a bâillonnées, asservies, violées, assassinées. Et moi comme d'autres, je me sens coupable. Tellement coupable qu'à mon tour, je me laisse manipuler, utiliser. L'égalité n'existe pas. La revanche a le goût du sang. Au boulot, je baisse la tête. J'ai peur. Je pèse chacun de mes mots, chacun de mes gestes. Les licenciements pour harcèlement sont légion. Et l'interprétation libre.

Je me sens frustré, dépossédé. Elles ont de plus en plus de droits et nous, de devoirs. J'ai toujours été réglo. Pas de main qui traîne ou qui s'attarde. Un non était un non. Je n'ai jamais mis mon cul sur le canapé pendant que mon ex préparait le dîner. Je me suis occupé des gamins. Même si ce n'était pas les miens. Aujourd'hui, je me retrouve célibataire à écumer les bars, les sites de rencontres. Et je deviens leur objet. Leurs mains traînent et s'attardent. Des regards vicieux me déshabillent. Ça ne me déplaît pas tout le temps, soyons sincère. Un homme reste un homme. Quoique…

Elles veulent un mâle. Un intellectuel. Un leader. Un guerrier. Un chef de famille. Un mec qui va les coller au mur avec passion. Elles désirent l'homme. Mais le tuent. Pas à pas. Dans son essence. C'est un jeu de pouvoir. Je ne suis pas responsable des dérives du passé. Je ne suis pas responsable des exactions de mes ancêtres. Je trouve lamentable que l'on ait pu traiter les femmes ainsi. Je suis un homme aujourd'hui et je ne trouve plus ma place, ni dans vos cœurs ni dans vos vies.

Il y a des soirs

Il y a des soirs où tout me manque,
Tes pas, dans l'escalier qui grince,
Ta chaleur, posée contre la mienne,
Ta voix, qui effleurait mon âme,
Tes yeux, qui faisaient taire ma peine.

Il y a des soirs trop pleins de silence,
Des nuits qui réparent pas,
Mes vagues à l'âme morcelée,
Que ton absence a déclenchées.

Il y a des rêves artificiels,
Des mirages sans mémoires,
Aux confins des terres lointaines,
Où je me laisse emporter.

Il y a ce sourire de façade,
Au soleil levant,
Et ces mots, que j'emballe,
Dans du papier d'argent.

Ces larmes qui attendent,
Pour inonder mon lit,
Ces cris qui patientent,
Et qui hantent mes nuits.

Il y a la discrète élégance,
D'un désespoir latent,
Qui en douceur se répand,
Au gré de mes errances.

Il y a les rires coupables,
Quand je me sens plus capable,
D'entretenir mon malheur,
Et de nourrir ma torpeur.

Il y a des nuits que t'es plus là,
Des jours aussi sans toi,
Où même l'espoir succombe,
À ce veuvage immonde.

Il y a des soirs où tout me manque,
Et je me perds dans le passé,
De tous ces rêves oubliés.

Famille

Je ne sais plus qui a dit

J'entends encore le bruit des casseroles à la cuisine, l'odeur du café bouilli, qui cuit, et recuit, dans ta petite casserole en alu. La radio allumée, pour diffuser un jeu, qui n'existe même plus dans mes souvenirs. L'odeur des légumes frais, de l'oignon qui rissole, ton parfum à la lavande et ta foutue cigarette qui se consume dans le cendrier.

Tu m'attends, comme chaque matin, avec une tasse de café déjà prête. Tu m'attends. Je me lève toujours tard. Toujours de mauvaise humeur. Je m'assois à côté de toi, tu ne parles pas. Tu sais que je ne supporte pas qu'on me parle avant mon premier café. Tu attends. Patiemment. Tes yeux débordent d'un amour sans âge. Ils étaient si clairs, tes yeux. Gris. Presque transparents. Ils éclairaient tout, même mon désespoir.

Tu ne parles pas, tu poses ta vieille main sur la mienne. Plus qu'une caresse, un apaisement. Tout passe, tout ira bien. Et moi, du haut de mes seize ans, je crois tout savoir. Je ne sais plus qui a dit : « la vie est une tartine de merde et on en mange un morceau chaque jour » mais c'est ce que je vis. Je ne vois pas la lumière au fond du tunnel, je m'y suis perdue, je suis tombée dans un puits sans fond et je l'aime mon trou. La mort y vit. Tu l'as compris.

Tu ne parles que lorsque c'est nécessaire et tout le monde t'écoute, même moi. Tu as sauvé tellement de vies, tu n'en as jamais rien dit. Tu as sauvé la mienne aussi. Mais ça, tu ne l'as jamais su. Je fouille dans tes affaires, la nuit, pour te trouver. Un tampon de la préfecture, du matériel d'imprimerie cachés au fond d'un tiroir, des faux papiers, des faux tickets de rationnement. Je n'ose pas te demander. J'ai tellement peur. Peur de ne jamais pouvoir te ressembler.

De ton séjour en prison, je ne sais rien, ou presque. Je l'ai appris dans un livre, ton histoire. Foutue guerre. Devoir choisir son camp, fléchir ou lutter. Tu as lutté. Malgré les tortures infligées pendant ta détention, tu n'as jamais parlé. Ou si. Juste une phrase. *Une fille de France ne vend pas son père.* Lui aussi, tu l'as sauvé. Alors, quand tu parles, on t'écoute.

Et moi je t'écoute, même quand tu ne parles pas. J'écoute ta main, posée sur la mienne, qui me dit que tout ira bien. Le café, que tu verses dans ma tasse, pour réchauffer mon âme. Les livres, que tu m'achètes, quand je m'enferme. Tes silences posés sur mes larmes. Et toutes les questions que tu ne poses pas.

Aujourd'hui, je sais que je vais lutter, comme toi, je l'ai trouvé caché au fond, là où les ombres guettent. Un trésor. La clé. La mienne. Le courage de vivre, de me battre pour conserver ma liberté. La nôtre. Je ne sais plus qui a dit : « la vie est comme une boîte de chocolats, on ne sait jamais sur quoi on va tomber » mais je peux t'assurer que je vais les manger. Tous. Jusqu'au dernier.

Jeanne

Jeanne a 68 ans, de l'arthrose qui lui ronge les os et un cancer qu'elle ne soigne pas. Elle se lève avant le soleil, s'accorde dix minutes pour dérouiller son corps meurtri. Pleure parfois, de douleur, puis se reprend. Elle n'a pas de temps pour ça. Le café coule déjà, elle s'habille à la hâte et part travailler. Elle vide les poubelles, récure les toilettes et passe l'aspirateur dans les *Open-Space*, avant que la force vive de la nation arrive. Parfois après, pour ramasser ce qui reste.

Jeanne aurait aimé pouvoir arrêter de travailler, comme elle aurait aimé que sa maigre pension puisse suffire, mais tout augmente. Le toit qu'elle loue et qui aujourd'hui l'abrite. Les légumes qu'elle cuisine et les factures qui s'empilent. Jeanne prie, chaque soir, pour que son corps résiste. Mais elle le sait. Elle finira bientôt dans un mouroir d'état. Elle quittera ses choses. Ses souvenirs. Sa dignité.

Jeanne a élevé ses enfants seule, sans aide sociale. À l'époque, on était fier. Elle ne les voit pas souvent et ne leur a jamais rien dit. Ni pour le travail. Ni pour le cancer. Elle ne veut pas les embêter avec ça, alors, elle ment. Elle s'invente des parties de bridge, les soirs où elle travaille, et des mini-croisières quand elle n'a plus la force de répondre au téléphone.

Ils l'apprendront quelques jours plus tard quand on retrouvera son corps, sans vie, sur la moquette immaculée d'un *Open-Space*.

L'attaque

Un truc a lâché. D'un coup. Sec. Sans doute, ma tête en avait marre de mes jérémiades, mes doutes incessants, mes peurs incontrôlées. Mais, en fait, je n'en sais rien. Mon cerveau s'est fissuré. Un clac et tout change. L'esprit en déroute. Mon corps me quitte. Je me sens liquide.

J'entends les gens autour qui s'affolent, je ne peux plus parler. Je ne peux plus bouger. Je ne suis plus qu'une masse. Ma conscience, elle, est toujours là. Je ne la comprends plus. Un fusible a pété, ça, je le sais. Je vais mourir, peut-être. Des murs blancs, sales, l'odeur de la javel, je file à grande vitesse, les portes s'ouvrent. Un masque. Black-out.

Ils m'ont sauvée in extremis, colmaté la fissure. C'est ce qu'ils me disent. J'ai le visage en biais, je le sens. La mémoire aux abonnés absents et je comprends un mot sur deux. Je peux plus parler. Récupération lente et progressive, incertaine. Je colle des Post-it sur ma mémoire. La nouvelle. Je suis une enfant dans un corps de grand. Je ne mange plus seule, je fais des dégâts. Je bois avec une paille en bambou, une qui coule. J'entends des mots sans phrases. J'oublie. Je vois les larmes qui coulent sur les joues de mes enfants. Elle fait du mal, l'attaque.

Ils avaient raison les *semi-dieux*, la récupération est incertaine. J'ai perdu un morceau de mon passé mais je crée mon présent. J'apprends à lire, à écrire et même à penser. Je mange seule maintenant, mais j'ai toujours ma paille en bambou.

La vie. Encore. La vie. Toujours.

Il y a des gestes simples pour poser le diagnostic. Trois heures. Déterminantes. Je vous donne un post-it à coller sur votre mémoire :

Un : le sourire. Si vous ne parvenez plus à sourire. Consultez.

Deux : phrase simple. Si vous n'arrivez pas à dire une phrase simple. Consultez.

Trois : levez les deux bras en même temps. Si un bras ou les deux ne réagissent pas comme ils le devraient. Consultez.

Quatre : tirez la langue. Si la langue croche en partant d'un côté. Consultez.

Sauvons des vies.

L'expérience

Ma mère est morte. Cancer des poumons. Elle n'a jamais fumé de sa vie. Ni bu d'ailleurs. L'oncologue dit que parfois, ça arrive. Pas de bol, c'est tombé sur elle. Elle l'a appris le 2 janvier, histoire de bien commencer l'année. Année qu'elle ne finira jamais. Métastases à tous les étages. Elle aimait son oncologue au moins autant qu'elle s'accrochait à son cancer. C'était une guerrière, ma mère. Une syndicaliste acharnée. Elle ne lâchait jamais rien. Même quand elle avait tort. Alors une fois à la retraite, son cancer, c'était sa bataille. Elle souffrait d'une forme rare et, très vite, est devenue un cas d'étude. En quelque sorte, elle en était ravie. Je sais que peu de vous le comprendront mais vous ne connaissiez pas ma mère.

Elle était fière de ne pas perdre ses cheveux à la première chimio. Fière de porter une perruque à la troisième. Elle connaissait toutes les infirmières, tous ses amis d'infortune venant recevoir leur dose. Elle parcourait l'hosto avec un tee-shirt violet portant l'inscription : *On le vaincra ce salopard !* Et elle y a cru. Jusqu'à la fin. Même quand elle ne pouvait plus parler, je le lisais dans ses yeux. Il l'a eue finalement. Vite même. J'étais là quand l'Onco lui a proposé un traitement expérimental. Puisque rien ne fonctionnait. Puisque son cancer était rare. Puisqu'en suivant ce protocole, elle pourrait sauver des vies. C'était un putain de bon vendeur son Onco ! Un putain de menteur.

C'est la sienne de vie qu'elle aurait dû sauver. Pour moi, pour mon frère et pour sa petite-fille qu'elle n'aura jamais connue. Même sa mort, aussi tragique soit-elle, était héroïque. On l'a débranchée, c'est ce qu'elle voulait. Ça a pris trois jours. C'est long, trois jours, quand on pense que chaque souffle sera le dernier. L'Onco était là. Il a pleuré quand ma mère est partie. Il l'aimait bien.

L'autre genre

Philippe est une femme. Dedans. Chaque jour, il enfile son jean, ses baskets et son tee-shirt et, chaque jour, en regardant son reflet dans la glace, il pleure puis se reprend. Sa fille lui saute dans les bras et il oublie. Pour elle, c'est sûr, y a pas eu de *bug*. Il avait peur. Il n'a pas de double vie et ne s'habille jamais en femme, même s'il en crève. Petit, il ne mettait pas les talons de sa mère mais il cachait des colliers sous son matelas. Il a toujours aimé ça, les bijoux, le clinquant. Il est ouvrier dans le bâtiment. Sa voix n'est pas fluette et son ventre bedonnant n'a jamais couvé. Il aurait pourtant tant aimé. Mais ce n'est pas son genre. Il est né homme et homme il doit rester.

Philippe n'est pas gay, il aime les femmes, la sienne tout particulièrement. Il l'envie en silence. Il jalouse sa grâce et son aisance. Elle aime sa sensibilité. Il en fait trop parfois et se déteste, mais il sait rentrer dans le rang. Il a appris, à son cœur défendant, à être conforme. Il a enterré la honte avec ses colliers au fond du jardin. Il est père à présent. Sa fille grandit à l'ombre d'un mensonge. Philippe lutte. Puis un soir, tout explose. Il sort dans le jardin, se met à genoux et se tire une balle en pleine tête. Il n'a jamais parlé.

La mort du vieux Doumé

C'était pas mon vieux, Doumé. Pas par le sang. Mais le cœur, lui, sait. C'est mon cœur qui l'avait choisi. C'est le sien qui a lâché. Je les regarde défiler devant un corps vide. J'entends les sanglots étouffés. Les murmures. Les mots blancs. La mort, ça sent les fleurs, les femmes trop parfumées, le tabac, la naphtaline. Ils sont tous là, ceux qui venaient plus. Tous. Même Ange s'est déplacé. Le cul dans un fauteuil, poussé par son fils qui espère, sans doute, que son père soit le prochain. Ça pue, la mort. Ça sent le mensonge et les regrets.

Je ne suis jamais parti, je n'ai jamais quitté l'île. C'est ma terre. Aussi sèche que les yeux des hommes d'ici. Aussi dure que leurs cœurs. Doumé a enterré toute sa famille sans qu'une larme coule. Les fils d'ici survivent moins longtemps que leurs pères. C'est ainsi. C'est le vieux qui m'a tout appris. Dans ses silences, j'ai appris la patience. À regarder aussi. À sentir. Les gorges taillées au couteau dans la pierre, les collines de châtaigniers, la montagne plus que la mer. C'était son île.

Il est mort, Doumé, et un morceau de moi part avec lui. Il était l'histoire. La mémoire d'une famille, d'un village, d'un peuple. Il était tout ça. Il était bien plus que ça, tous ici le savent. C'est pour ça qu'ils sont là. Sans Doumé pour veiller, l'île est perdue. La mer, on l'a vendue, reste la terre. Celle du haut, celle qui touche le ciel. Les toits orange et les ruelles pavées, les maisons accrochées à la montagne et le maquis qui dévore tout. Ils ne demanderont rien, je le sais, les hommes d'ici parlent avec leurs yeux. Je les entends.

Je veux la garder, ma terre, je veux la garder, mon île. En mémoire du vieux. Préserver l'histoire, la sienne, la nôtre. Je sais que ça brûle partout, mais pas ici. Peu d'hommes aujourd'hui se battent pour la terre, nous, oui. C'est ce que le vieux m'a légué, c'est tout ce que j'ai, maintenant qu'il est parti. Une terre qui touche le ciel, qui sent le myrte, le maquis et le soleil.

Napoléon disait : « les yeux fermés, je reconnaitrais la Corse à son odeur ». Moi, c'est à ses hommes.

L'éléphant

J'ai volé un éléphant. Tout blanc. Assis sur son séant. La trompe dressée. Une porcelaine, oubliée dans un carton. Il m'accompagne partout. Une mascotte, un animal totem, mon protecteur. Enfin, récemment il a changé de statut. Il ne peut plus me protéger. Ni lui ni les docteurs aux masques verts. Je suis radioactive. Ils parlent de migration. Propagation. Je ne les écoute plus. Tout ce que je veux savoir, c'est combien de temps. Les réponses varient et j'ai droit à des fourchettes, mais en fait, ils n'en savent rien.

Au tout début, je les ai crus. Les compétents. Les *semi-dieux*. J'écoutais leurs alternatives, leurs solutions. Une chirurgie – une chimio – des rayons. On enraye, c'est la guerre ! J'avais du courage à revendre à l'époque. J'avais la force. Je les ai laissés enlever un morceau de moi. Pas le pire. C'était le prix à payer. J'étais l'amazone conquérante. Prête à l'affronter. Mais ça, ça, c'était avant. Avant que le remède ne bousille mes neurones. Avant que le *Saint-Nectar* ne vienne à bout de mon courage. Avant qu'il ne détruise ce qui restait de sain en mon sein.

Puis il y a eu la déroute. Un « ça ne fonctionne pas ». Un « ça migre ». Un foyer de plus et le mien en moins. L'homme, fatigué de supporter ma faiblesse, s'en est allé. Puis ce sont les amis qui s'enfuient. Le malheur est contagieux. Les rangs s'amenuisent et emportent avec eux la volonté. Les « masques verts », eux, n'abandonnent pas. On attaque sur tous les fronts. Nouvelle approche qui ressemble à s'y méprendre à la première. Chimio-rayon. La chirurgie, on oublie, c'est déjà trop tard.

Sans cesse, j'entends « bats-toi », j'entends « tu es forte », mais personne ne m'écoute. Je ne veux plus combattre. Je suis si fatiguée. J'ai baissé les bras. Il a gagné. Les *semi-dieux* ne savent rien, ils tâtonnent, ils essaient et je suis leur cobaye. Je suis en soin palliatif ce matin. Le couloir de la mort. Un *masque blanc* m'a raconté une histoire. Je l'aime bien son histoire. Ça parle de tunnel, d'énergie et de lumière. Il me dit que rien ne meurt alors que je m'éteins.

Je regarde mon éléphant, assis, la trompe en l'air. Et si…

Épuisement

J'ai déraillé. Je suis passée devant la maison sans m'arrêter. Ça fait des mois que je n'ai plus envie de rentrer. Et, ce soir, je n'ai même pas freiné. J'ai pris l'autoroute et je suis partie. Une question de survie. La mienne. Je ne sais pas où je vais aller mais plus je m'éloigne et mieux je respire. Une mère ne disparaît pas. Pas volontairement. Un père abandonne parfois. Mais une mère supporte. Je n'y arrive plus. Je ne me sens pas encore coupable mais je sais que ça viendra. Je mets la musique à fond pour m'empêcher de penser.

Ça fait des mois que je me cache pour pleurer. Au boulot. À la maison. Dans la voiture. Il n'y a pas un endroit où je n'ai pas pleuré, je suis à bout. J'ai même mis des larmes dans les boîtes à lunch des enfants. Je crois que personne n'a rien vu. J'ai des yeux de lapin russe pourtant. On ne se regarde plus, c'est ça le problème. On vit ensemble, mais on ne partage plus rien. Je ne sais même pas s'ils vont se rendre compte que je ne suis plus là. Le frigo est plein, le linge lavé. J'ai même laissé un chèque, ce matin, sur le comptoir, pour la sortie scolaire du grand.

C'est bien plus qu'un *Burn out*. Bien plus qu'une dépression. J'ai atteint le point de rupture dans l'indifférence générale. Ou à cause d'elle, justement. J'ai besoin d'une pause, longue, éternelle. J'ai envie de ne plus me sentir mère. Je suis dégueulasse mais c'est ce que je veux. Arrêter de m'inquiéter pour eux. Arrêter de courir. Ne plus me sentir invisible et vivre. Je roule sans savoir où je vais, mon Dieu que c'est bon ! J'imagine ma vie d'après. Le silence. Sans déception ni ingratitude. Sans penser, en les regardant, que j'ai tout raté. Sans me demander ce qu'ils vont devenir. Respirer juste pour moi.

J'ai fait demi-tour. En chialant. Encore. Putain de voiture connectée. Plus de vingt messages. Ils ont perdu le chien et me demandent où je suis. Je ne suis pas invisible. Ils ont besoin de moi, et moi, sans eux, je ne suis rien. Une mère, ça ne disparaît pas. Pas volontairement. Même si parfois, ce n'est pas l'envie qui manque.

Le trouble

Je prends des amphétamines. C'est maman qui me les donne. Le Docteur lui a dit que c'était bon pour moi. Et les Docteurs y savent tout. Je crois que la maîtresse n'en pouvait plus. Elle a dit à maman que je bougeais trop, que j'étais un élément *perbatuteur*. Ils se sont tous réunis. Même papa est venu alors que je le vois jamais. Le directeur a dit qu'il y avait plein d'enfants qui souffraient du trouble et que je pouvais guérir. Je suis usant. Je tiens pas en place. Rachel, c'est une fille de ma classe, elle en prend. Elle était usante aussi avant, mais moi, elle me faisait rire. C'est fini. Rachel, elle est plus drôle. Elle a des yeux comme des billes qui roulent plus. Elle a de bonnes notes. Sa mère a parlé à la mienne, elle a dit qu'elle revivait. Ma mère, elle veut revivre, je crois. Alors je prends des *Tamines*, tous les matins, avec mon jus. Maintenant, elle est fière de moi, je suis bien sage. La maîtresse dit qu'il y a du progrès. Tout le monde est content.

Je suis devenu un superhéros du cerveau. Je suis concentré en permanence, j'apprends vite. Je ne regarde plus par la fenêtre. Je ne sais même pas si les oisillons du nid du préau sont enfin devenus assez grands pour voler. Ça ne m'intéresse plus. Je dois avoir de bonnes notes. Je dois travailler, être sage comme les grands. Je ne mange plus trop, je n'ai pas faim. Le docteur a dit que c'était normal. Ma bouche fait des trucs bizarres et les enfants se moquent de moi. Maman, elle dit que c'est des tics et que ça passera. Je crois que mon corps reste tranquille que parce que ma bouche bouge. C'est ma soupape d'énergie. Mes copains disent que j'ai changé. Mais moi, j'ai un super pouvoir. Je ne peux pas leur dire, je suis un adulte dans un corps d'enfant. J'ai du mal à m'endormir le soir, je pense et je suis triste. Je ne sais pas pourquoi. Tout le monde est content alors je devrais l'être aussi. Je me sens seul dans ma tête. À l'école, j'ai plus trop d'amis. J'ai plus envie de jouer.

C'est dur d'être un superhéros.

Sa dose

Il n'a pas poussé droit, quand bien même, notre amour était si fort,
Il est tombé mille fois, quand bien même, nous l'avons relevé,
Quand beaucoup pensaient que c'était perdu, nous avons continué.

Il était notre petit, notre lien, notre trésor.
Aujourd'hui je suis si fatiguée, désespérée.
Si toi aussi je te perds,
S'il n'a plus que moi et si mes bras ne suffisent pas,
Si ton amour ne porte plus nos peines,
Si ton courage m'abandonne,
Notre phare lentement s'éteint.

Il n'a pas poussé droit et quand bien même,
Toujours nous étions là, à soigner ses veines meurtries,
Écouter mille chagrins et croire à ses histoires,
Espérer qu'il arrête de défoncer sa vie.
Si toi aussi tu abandonnes, si ton courage renonce,
Si lentement notre lumière s'éteint,
Si dans le noir il ne trouve plus nos mains…

Il n'a pas poussé droit, quand bien même, notre amour était si fort.

Les histoires

Je me raconte des histoires. Souvent très belles après deux verres. Je rêve ma vie. Je rêve le monde. J'affronte ma souffrance et bien des fois, je gagne. Parfois non. C'est pire. Alors je me ressers un verre ou deux, pour embrumer le passé et ça marche, j'oublie. Je suis peut-être faible, je suis peut-être lâche, mais quand je bois, je me sens moi. Je n'ai plus peur.

Je sais exactement quand est arrivé le verre de trop. J'ai attendu l'excuse, si fort, que je pense l'avoir provoquée. Je me suis donné bonne conscience et personne ne m'a jugée. J'avais traversé l'enfer et mes amis, à bout de mots, pour me consoler, me servaient un verre. Je finissais la bouteille et j'avais le sourire. Tout le monde était content. Socialement, boire en cas de grosse tempête est acceptable. La perte de contrôle ne l'est pas. Alors je mens. À moi d'abord, aux autres ensuite. Personne ne voit rien, mais moi je sais. Je suis alcoolique.

On parle d'alcoolisme mondain pour dédramatiser mais je bois seule. Ça n'a plus rien de festif. Quand le besoin se confond avec l'envie, prendre un verre devient une habitude. J'ouvre une bouteille, chaque soir, et je la vide. Je mets du baume sur mon petit cœur abîmé et de l'onguent sur les plaies du monde.
C'est une maladie choisie, consentie, mon radeau d'infortune. Je sombre, je flotte, peu importe. Je suis ailleurs. J'arrêterai demain.

La flaque

Je veux juste dire un mot. Un seul. Je vais partir maman et quand tu liras cette lettre, je serai déjà loin. Tu me dis sans cesse que je suis trop petit pour comprendre. Mais moi je te regarde, j'observe les adultes et je crois bien que c'est vous qui êtes devenus trop grands pour comprendre. Je veux pas être comme vous et je veux pas te ressembler. Tu vas pas aimer, mais tu sais plus aimer. Tu me dis que j'ai trop d'imagination et que les rêveurs ne vont pas bien loin dans la vie. Moi, je veux aller aussi loin que les rêves m'emportent. Je veux sauter dans les flaques et rester dehors quand il pleut. Je veux regarder les nuages pendant des heures en imaginant des histoires. Je veux manger de la crème au chocolat, matin, midi et soir. Et surtout maman, surtout, je veux pas de montre. Je me fiche bien de savoir si c'est l'heure de manger quand j'ai pas faim. Si c'est l'heure de rentrer quand je m'amuse. Vous, les adultes, vous avez cessé de jouer. Vous êtes pas heureux. Vous riez presque jamais. Vous avez peur de tout. Vous avez peur de vivre.

Je vois des quantités de choses que tu vois plus, maman. Je ressens des quantités de choses que tu sens plus. C'est pas en grandissant qu'on les perd. C'est quand on arrête de vouloir les voir. Moi je veux pas arrêter. Si je reste avec toi, maman, je vais vouloir te faire plaisir et je vais arrêter de me faire plaisir. J'aime bien marcher pieds nus dans l'herbe, me rouler dedans. Tu te souviens de l'odeur de l'herbe ? Bah non, tu t'en rappelles pas ! Pas plus que du parfum de la terre. Pourtant on vit dessus. Tu me dis que je serai bientôt assez grand pour avoir un téléphone mais moi j'en veux pas de ton téléphone. Il rend pas heureux. Je le vois bien. T'es tout le temps en train de crier dedans et des fois, tu me vois plus, tu m'écoutes plus alors que je suis juste à côté de toi. Quand je suis triste, tu me dis que je dois être un homme et que je dois être fort. Qu'un homme, ça pleure pas. Bah moi, je dis que tout le monde devrait pleurer. Quand on a envie de pleurer, bah il faut pleurer et c'est pas grave. C'est comme ça qu'on évacue le malheur. Et le malheur, si on le garde dedans, c'est pas bon. Ça se transforme, le malheur. Ça diffuse des graines de malheur dans tout le corps, pas que dans la tête. Mamie, elle en est morte de son malheur. Je veux pas mourir alors je pleure quand je suis triste. Je vide le malheur.

Je veux plus manger des choux de Bruxelles, j'aime pas. C'est pas bon pour ma santé si j'aime pas. Le poisson non plus. Ça pue. Et toi aussi tu le dis, parce que, quand tu le fais cuire, t'ouvres la fenêtre. C'est pas parce que je suis petit que je peux pas savoir ce qui me plaît. Et je vois pas pourquoi je devrais me forcer à aimer des trucs que j'aime pas. Bah j'aime pas comme tu m'aimes, maman. C'est pour ça que je pars. Je sais que ça va te rendre triste mais je dois te le dire. Tu dis que les mensonges, c'est pas joli. Tu veux m'apprendre à grandir mais ça, ça s'apprend pas. Je veux pas apprendre à oublier qu'un jour j'ai été un enfant. Je veux pas apprendre à oublier d'être heureux. Je veux continuer à rêver, à dessiner, à sauter dans les flaques et à me rouler dans la boue si ça me chante. Je me moque bien de ce que pensent les gens, maman. Ce qui m'intéresse c'est ce que je pense moi. J'apprendrai peut-être jamais à aimer les choux de Bruxelles mais je sais que je t'aime et que, toi, tu sais pas m'aimer car il y a trop de choses et de gens dans ta tête et que ton cœur il est tout sec à force de trop penser. J'ai plein de rêves dans ma tête et toi, les tiens, y sont où ?

Je t'aime plus fort que tout. Jusqu'à la lune. Je vais juste aller t'aimer un peu plus loin, c'est tout. Papa, il a pas oublié d'être un enfant. Tu lui disais tout le temps d'arrêter de faire l'imbécile et de se comporter en adulte mais, lui, il me comprend. Il sait bien que je toucherai jamais le ciel quand il me porte tout haut mais il me demande d'essayer quand même. On mange des pizzas tous les soirs et y a même des soirs où il me laisse regarder la télé avec lui. Il a une montre mais il s'en sert pas. Des fois, il la regarde et dit qu'on a oublié l'heure. Avec papa, les jours sont jamais pareils. Il saute avec moi dans les flaques et il aime bien regarder les étoiles. Je crois bien que lui aussi, il t'aime jusqu'à la lune, même s'il le dit pas. Il évacue le malheur quand je le regarde pas. Ses yeux brillent comme les étoiles.

Papa c'est pas un adulte comme les autres. Il a pas oublié de rêver. Pis de croire. Croire que les rêves, bah, ils peuvent devenir une réalité si on y croit vraiment de toutes ses forces.

Humanité

Humanité

Et quand de nous ne restera plus rien,
À peine un amas de cendres sur une terre sans vie,
Quand nous aurons épuisé l'air à force de fumée,
Quand tombera du ciel la dernière abeille empoisonnée,
Quand les saisons se mêleront et que les mers grossiront,
Envahissant les terres et submergeant nos maisons,
Quand les regrets viendront gonfler,
Nos flots d'erreurs présentes et passées,
Tu oublieras ce qu'était l'humanité.

Pour toi qui erres sans savoir, pour l'errant qui voit,
Pour celui qui croit que rien n'est plus possible,
Pour ces âmes enlisées, que les peurs ont fait ployer,
Pour les gardiens du temple des valeurs surannées,
Pour les prisonniers de leur révolte qui enferment leur cœur,
Pour l'accusé autant que pour l'accusateur,
Pour chacune des victimes et chacun des bourreaux,
Pour l'armée d'innocents gisant dans des tombeaux,
Pour les coupables sanctifiés, pour les purs sacrifiés,
Et pour tous ceux qui se pensent condamnés,

Tu ne verras plus l'ombre là où la lumière surgit,
Si par la force du cœur, tu combats l'esprit.
Le glas ne sonnera pas si tu écoutes une symphonie,
Et qu'avec innocence, tu choisisses l'harmonie.
Si tu sais qu'à chaque malheur s'éveille la candeur,
Et qu'après chaque écueil, tu franchis un seuil,
Tu sauras que tout devient possible, si même dans le chaos,
Tu trouves la force de n'en voir que le beau.

Et si tu penses encore que tout était écrit,
Rappelle-toi que du néant s'est éveillée la vie.

Indifférence

Je ne veux pas parler de l'indifférence qui suinte et nous inonde,

Des espoirs endormis où naissent les rancœurs.
La maladie de l'esprit, c'est l'avarie du cœur,
Qui torture les songes, altère les sens,
Vandalise la lueur qui en était l'essence.
Les fissures d'hier sont les failles d'aujourd'hui.
Perfides impostures, délétères instincts,
Nourrissent le présent d'un sombre dessein.

Je ne veux pas parler de l'indifférence qui suinte et nous inonde.

Je veux parler de cet enfant, au regard vibrant,
Qui déverse l'amour sans attendre un retour.
De ce mendiant touché par l'infortune,
Dont l'ivresse nous fait peur, autant qu'elle importune.
Je veux parler d'un ami, fracassé par la vie,
À qui tu tends la main, pour apaiser son chagrin.

Je ne veux pas parler de naufrage ni de ces âmes résignées,
Attendant qu'un miracle finisse par les sauver.
Je ne veux pas parler d'abus ni de confiance ni de faiblesse,
Mais de conscience et le temps presse.
Je veux parler de toi, assis à côté de moi,
Écouter tes silences, même si je te connais pas.
T'offrir mon épaule, pour y poser ta peine,
Et me servir de ta vie, pour en guérir la mienne.
Je veux regarder le bleu du ciel, comme s'il était immuable,
Et voir dans tes yeux qu'on naît pas coupable.
Qu'il n'y a en ce monde ni victimes ni bourreaux,
Que tout ça n'est qu'un jeu, dont on connaît les enjeux.
Jouir du temps qui reste et se faire la promesse,
Qu'ici ou ailleurs, la prochaine fois, on fera mieux.

L'élan

En terre d'incertitudes, chaque rêve a besoin de naître enfin. Devant peurs et doutes, il s'était retranché. Les années, autant que les excuses, nous ont fait renoncer.
Que sortent à présent de l'ombre toutes ces vocations oubliées. S'il ne suffit pas d'un rien et si nous nous résignons à le penser, ce don, avec les rêves qu'il inspire, deviendra nos regrets.

Impossible est d'imaginer qu'une vie peut-être à tel point malmenée, qu'elle en oublie ce pourquoi elle est née. Désespérance obsédante d'une société qui s'en nourrit, de ses griffes acérées nous a ôté l'envie.
D'un sursaut fragile, une humanité moins conforme vit enfin ses rêves, en s'abreuvant d'espoir.

Même si nous savons fort bien que l'eau et l'amour ne font pas un toit, que la bienveillance et les belles paroles ne nous nourriront pas. En cette période où les rêves peuvent enfin s'exprimer, donnons à d'autres ce que nous ne pouvons nous offrir. La charité d'un sourire peut faire renaître un rêve, un pardon, réparer un cœur, et ainsi devenir l'élan créateur.

Slam

Le slam c'est pas ma came. Poser des mots pour faire joli, les balancer pour épater, pétarader des mots tordus, vomir sa prose, ça fuse et ça diffuse, une explosion de sens qui à mon sens n'a aucun sens.

Une logorrhée, de l'incontinence verbale, des mots empilés qui ne peuvent plus respirer. De la lave sur le lac, une croute de cendre pour étouffer.
Une violence décochée pour qu'en ton âme elle infuse,
Mais je te l'ai dit, le slam c'est pas ma came.

Puis j'ai repensé à Giacometti à Pablo à Dali, ils maniaient leurs fusains affutés, comme une plume acérée, dénonçant dans les traits, transcendant l'aperçu, fragmentant les points de vue, la liberté n'est pas une faiblesse. Sortir du carcan, faire fi des conventions être tel que l'on naît, être tel que l'on est.
Mais je te l'ai dit, le slam c'est pas ma came.

Je suis pas une révoltée, une rebelle en puissance, une amazone déchaînée, le monde tourne pas bien rond et depuis que je le sais, je tourne plus en rond. À faire des boucles sur la violence, culpabiliser sur la souffrance, se faire monter le cancer en long en large et en travers. Je régurgite l'intransigeance, les manigances cathodiques, l'intolérance organisée, la complaisance synthétisée, la fallacieuse indépendance, l'obéissance ensemencée.

Mais je te l'ai dit, le slam c'est pas ma came.

Sur l'autre rive, je dérive et j'suis pas dans l'offensive, prôner l'amour et la confiance n'est pas de l'inconscience, la résilience et l'indulgence sont les lumières de la dissidence, je suis pas un porte-drapeau, exhiber l'étendard me file le cafard. Les symboles sont des oboles, une pitance signe d'allégeance. Bien trop souvent sur le bûcher on a cramé les porteurs de vérité, alors non, le slam c'est pas ma came car slamer, c'est dénoncer et je renonce à faire des rimes sur toutes les choses qui nous abîment.

Mais si tu veux un poème avec des mots sublimes, des mots choisis des mots jolis... la caresse du vers céleste, la pensée blottie au creux de l'infini, l'oraison comme horizon et l'énergie comme liturgie, sans fard ni dard, sans angles ni sangles, je te dirais p't'être que les rimes c'est pas de la frime, qu'il y a des mots sacrés qui peuvent soigner et des mots perdus incorrompus. Qu'un beau quatrain peut être divin et qu'le subtil n'est pas futile. Sans l'ombre la lumière serait chimère et l'alchimie une utopie.

Mais je te l'ai dit, le slam c'est pas ma came.

Les morts

Je les vois depuis toujours. Les morts. D'aussi loin que je m'en souvienne, ils ont toujours fait partie de ma vie. Petite, je pensais que tout le monde les voyait. À l'âge de 7 ans, j'ai découvert que non. Je jouais avec mon petit frère dans la cour, quand ma mère me fit signe de rentrer. Elle me demanda pourquoi je riais tant, je lui expliquai que Sylvain imitait papa et qu'il le faisait très bien. Elle pleura toute la nuit et la journée d'après. Sylvain était mort à la naissance.

C'est là que j'ai commencé à avoir peur. Pas d'eux, mais de ma différence. De ce que les gens penseraient, si j'en parlais. Alors, je me suis tue. Ça n'avait rien d'étrange pour moi. J'étais née avec. Mais après l'expérience « Sylvain », ma mère m'emmena consulter tout un tas de médecins qui me posèrent tout un tas de questions. J'avais bien compris qu'il valait mieux me taire. J'ai commencé à faire comme tout le monde et faire comme s'ils n'existaient pas. Et un jour, ils ont disparu. Pour de bon. Enfin, c'est ce que croyais.

À 15 ans, je les avais totalement oubliés. Les souvenirs à cet âge sont volatils. Ancrée dans une vie d'adolescente banale. Oscillant entre joie intense et désespoir profond, un vrai régal pour les hormones. L'effervescence de cette période m'a laissé d'impérissables souvenirs, de ceux qu'on aime à se rappeler et surtout, de ceux qu'on préfèrerait effacer.

En 1999, j'avais 20 ans. Le film *Le 6ᵉ sens* faisait un carton au box-office. La chanson de Cher *Believe* caracolait en haut de tous les charts. *Crois-tu en la vie après l'amour ?* est une phrase qui m'a suivie longtemps. *Crois-tu en l'amour après la vie* serait bien plus à propos. À cette époque, des choses moins ordinaires firent leur apparition dans mon quotidien. Assez pour que je m'en inquiète. Sans le web, difficile de trouver des réponses. La bibliothèque était mon refuge préféré. J'ai lu des tonnes de livres. Les mots pèsent lourd parfois. Beaucoup m'ont empêchée de dormir. Les voix dans ma tête, non.

J'ai consulté un spécialiste pour mes yeux. Je voyais des formes, certaines lumineuses, d'autres sombres, passer près de moi, de temps à autre. Mes yeux allaient bien. Je ne suis pas allée voir un psy. J'avais trop peur qu'il me fasse enfermer. Alors, j'ai continué à lire. Plus je lisais et plus je m'ouvrais. Une nuit, j'ai entendu maman m'appeler, j'ai ouvert les yeux et elle était assise sur le fauteuil, près de mon lit. Elle était morte en 1996. Elle était belle, jeune et lumineuse, son sourire irradiait. J'entendis clairement sa voix dans ma tête. « Souviens-toi », un flot d'amour infini se déversa en moi, puis elle disparut. Tout est revenu clairement. Une vague scélérate qui emporte tout. Qui rend la réalité illusoire.

Si je vois les morts, c'est qu'ils ne le sont pas. Enfin, pas vraiment. J'ai appris que je n'étais pas la seule et le fait de ne plus se sentir unique a eu un effet salvateur. Je n'étais pas dingue.

C'est les « pas-morts » qui m'ont tout appris. Certains livres aussi. Peu. Mais il y en a. Moody avait commencé en 70, d'autres ont suivi. Il y a eu Chico Xavier au Brésil, et bien qu'il ne soit plus ici, son héritage perdure. Ce n'est pas un mouvement, ce n'est pas du New-Age. C'est le Next-Age.

L'humain n'est qu'un corps. L'humanité, qu'une terre d'hommes. Ce que nous sommes, ici, aujourd'hui.

Mais demain ?

Croyez-vous vraiment que la mort existe ?

Que tout ce que vous êtes disparaît à votre mort ?

Et si nous étions bien plus que ça… Et si la mort n'était qu'un changement d'état…

Des ballons ou des enclumes

J'émerge à peine d'une nuit sans repos. Je ne sais pas encore où je suis, tant la réalité s'effrite. Mais les mots résonnent. « Des ballons ou des enclumes ». On me les crie de *l'entre-deux* et, comme si ça ne suffisait pas, *on* m'envoie les images. Je n'avais pas prévu d'écrire ce matin, alors je les chasse. Je reprends forme dans un monde bouleversé. Je vais à la cuisine, en mode *Walking Dead*, me préparer mon café, le chat sur mes talons et je retourne me vautrer dans mon lit. Rien ne presse.

Des ballons multicolores, gonflés à l'hélium, montent vers un ciel limpide. Mon esprit s'agite. Je sais que tant que je n'aurai pas écrit ce qu'ils veulent, je n'aurai pas la paix. J'allume mon écran. Ils ont gagné. Encore. Mais comment trouver les mots. Ceux qui collent à l'histoire. Ce que j'en ai compris. Bien pire, comment vous les transmettre à vous ? Je me lance.

Que ferons-nous de toutes ces peurs qui nous abîment, des petits riens qui nous tracassent ?

Non ! Pas aujourd'hui. Je n'y arrive pas. Les mots parfois s'éteignent. Le titre en soi est assez évocateur, comme un pont entre deux rives. Choisir ce que l'on fera demain de tout ce qui nous arrive aujourd'hui. Décider de s'élever au-dessus des débats. Pas si simple. N'avez-vous pas l'impression d'être acteurs dans un mauvais film hollywoodien ?

C.19 l'extinction La revanche d'une nature à l'agonie.

Je vois tant de ballons s'élever vers les cieux que j'en oublie les enclumes. J'oublie la peur, l'angoisse, les masques, la distance. La confusion, tellement réelle, qu'elle sonne faux. Je me suis attachée au pire bien des fois et je suis tombée dans un miasme perfide. Alors, les enclumes, je les connais. Mais c'est fini. Je regarde le bleu éclatant d'un nouveau ciel parsemé d'éclats multicolores. Et je pense que je vis pour de vrai. Je suis libre, enfin.

Le virus a démasqué l'essentiel. La liberté, c'est vivre avec les autres. Partager. L'art et l'amour, sous toutes ses formes. Ce dont on nous prive aujourd'hui. Prisonniers, depuis toujours, d'une consommation sans limites, nous avions oublié que, pour être heureux, l'autre suffit.

Les vagues

Le bonheur ne disparaît jamais,
Il se cache au creux des vagues impétueuses,
Au fond de nos cœurs endormis.
Se terre dans la paresse, se mure dans l'inertie,
Mais jamais ne s'épuise.

Indomptable éphémère, Graal convoité,
Il attend que s'enlise une peur distillée,
Par des ondes bien trop sombres,
Qu'on s'évertue à adorer.
Il agonise sous un masque,
Ils tentent de l'étouffer.
Vocifèrent et déversent l'ignoble terreur,
La seule, bien trop grande, pour être affrontée,
Celle de ne plus être et de quitter les siens.
L'autre devient vecteur, dont il faut s'écarter.

La constance des vagues initiées au-dehors,
Se conjugue dedans,
Sans futur, asphyxiant le présent.
Implacables tempêtes, nourries par des défaillances,

Dont on nous blâme d'être coupables,
Ballotés au rythme des errances,
De rois incapables,
Aveugles à nos souffrances, qui n'ont su nous guider.

Le bonheur, quant à lui,
Attendant que le calme revienne,
Dans un écrin serein, patiente, en attendant son heure.
Ultime rescapé de nos émotions téléguidées,
Bientôt, retrouvera son chemin.

Sourire

Léo

Il n'a jamais été jeune, Léo. Ni dans sa tête ni dans son cœur. 70 hivers à traîner ses sabots pleins de colère. Il n'aime rien, Léo. Pas même son chien. Il sent le patibulaire, l'être ingrat que rien n'éclaire. Il ne pleut jamais dans les Pouilles, sauf aujourd'hui. Et il râle, dès le réveil, en faisant réchauffer son café. La vache, qui lui sert de chien, bave sur les planches de son parquet. Il prend un vieux quignon de pain et lui balance. Il se souvient même plus pourquoi il a pris un chien. Il a essayé de le perdre une fois. Mais le chien est revenu 3 jours plus tard. Sale, comme un vieux cochon. Alors il l'a gardé, pour tromper l'ennui. La pluie redouble et éclate sur les volets pourris. Il ne les ouvre jamais. Léo ronchonne en allant chercher sa canne. Un bâton de marche plutôt qu'une canne. Avec lequel, à l'occasion, il frappe le cul de son chien. Il enfile une gabardine élimée. Le chien se dresse. Ça fait bien longtemps qu'il a perdu la laisse. La bave du danois coule en longs filets gluants sur le tapis. Il prend les clés, pendues à un clou, et sort. Le chien sur ses talons.

Ce n'est pas la ville ici. Y a pas grand-chose d'autre que des oliviers. Tous biscornus. Des plantes toutes sèches et des cailloux. Y a moins de dix maisons dans le hameau. Dont deux en ruines. Il connaît tout le monde, Léo mais dit jamais bonjour à personne. Pour quoi faire ? Il ne parle même pas à son chien. Il passe à côté de la ferme des Manganelli. Fabio le salue d'un geste de la main. Jamais fatigué le gros Fabio. Pousser des brouettes d'olives du soir au matin, ça ne l'a pas fait maigrir ! Léo n'aime pas l'huile d'olive des Manganelli. Elle sent le ranci. Il pousse sur son bâton pour monter le chemin d'Andrano. Arrivé en haut, il fait une pause. Il est plus si jeune. Le chien a disparu. Si seulement ! Mais il entend aboyer au loin, derrière le pic de Vista Gargano. Puis, comme un écho, un autre aboiement. C'est pas son chien. La pluie a cessé mais la terre trop aride ne l'absorbe pas. Ça fait des flaques aussi grosses que des lacs et Léo est obligé de patauger. Il a le pantalon tout crotté. Il voit son chien, un chien aussi gros qu'une vache ça se voit de loin. Et à côté une petite bête ridicule. Une boule de poils souillée qui couine plus qu'elle n'aboie.

Il s'avance en serrant plus fort sa canne. Il s'apprête à en jouer sur les flancs de la petite bête pour la faire déguerpir. Son bâton se fige, il entend une voix. « Aiuto, Aiuto, Aiutami ! ». Assise contre un tronc d'olivier mort, une femme, toute petite, le supplie. La main sur sa cheville gonflée et lacérée. Léo s'approche…

Elle a plus 20 ans, Gabriela et elle parlent pour deux. Elle chante aussi. Elle ouvre les volets pourris et nettoie les tapis. Elle fait du café frais et en verse dans la tasse de Léo chaque matin. Elle aime l'huile d'olive des Manganelli, elle en met partout. Elle boite encore mais Léo lui a trouvé une canne. Il a deux chiens maintenant, Léo. Dont un ridicule. Et une femme, toute petite, qui lui tient la main.

La pastèque

J'ai eu envie de m'asseoir. Là, sur le trottoir. En plein milieu d'une rue commerçante. C'était juste trop. Si lourd, que mes jambes ne pouvaient plus le porter. Je regardais les piétons affairés, les bras chargés de sacs. Puis, tout tourna. Les sacs, les gens, la rue. Je m'adossais au mur derrière moi et tentais de respirer. Je n'y arrivais plus. Mes jambes se dérobèrent et finalement, je finis le cul sur le trottoir. C'était à prévoir. Je pensais avoir digéré. Je pensais avoir surmonté. Le trottoir dirait que non. L'air remplit à nouveau mes poumons et tout reprit sa place. Les gens, les sacs, la rue. Je n'avais pas envie de me lever. Je voulais rester sur ce putain de trottoir jusqu'à ce que mort s'ensuive. Je subissais déjà les regards désapprobateurs et jugeants des passants. Rien à foutre ! Ma robe à dix mille était foutue. Mes bas constellés de trous immondes et, pour couronner le tout, j'avais cassé un de mes talons. La loose. Mon *cell* bipait. Tout ce que je voulais, à cet instant précis, c'était crever. Crever pour arrêter d'avoir mal.

Tu ne m'as pas vu tomber. Non, t'as rien vu. Tu regardais qu'elle en fait. Elle et son ventre gros comme une putain de pastèque. C'est là que j'ai eu envie de m'asseoir. Vomir. Me mettre des claques.

Crever. Je sais plus. Je suis en jachère depuis toi. Apparemment, toi pas. Je suppose que t'es le père de la Pastèque.

Mais quelle conne ! Comment j'ai pu être si conne ! Penser que tu reviendrais. Parce que c'est bien ce que je pensais. Bon d'accord, je l'aurais jamais avoué ! À personne. Et pour tout dire, je venais juste de m'en rendre compte. Je t'aimais encore. Toi, t'avais tourné la page a priori. Non mais la manière dont tu posais tes yeux sur cette femme ventrue ! T'as toujours eu horreur des gnomes ! T'en voulais pas ! Et moi, comme une pauvre fille, j'y avais cru. Je m'étais même convaincue que tu avais raison. Fuck l'horloge biologique, pourvu que tu sois là. L'amour magnifie tout mais rend très con.

Mon cell bipait toujours, c'était Steph. J'ai répondu, il n'y avait qu'elle pour me sortir de là.
— Mais quelle enflure ! Steph était furax !
Bon, en même temps, elle en rajoutait pour adoucir ma peine, je le savais bien. C'était une convention tacite. Compatir et injurier avant de s'attaquer au fond du problème. On s'était attablées au café rue Truchet. On y avait nos habitudes. Le patron était un Dieu Grec réincarné en taulier de bistro. Steph avait quitté le boulot pour me rejoindre. Un « sans domicile » qui dormait sous un porche m'avait aidée à me relever. Si bien que j'étais arrivée au café en boitant et puant le vieux graillon.
— 2 whiskys secs s'il te plaît ! Steph passa la commande en gratifiant Dimitri le Demi-Dieu du sourire « c'est quand tu veux, où tu veux » dont elle avait le secret. Il restait imperturbable. C'est ce qu'on aimait chez lui.
— Steph, il est 11 h du mat' ! Je me défendais mollement. J'en avais besoin de ce verre. Voire de la bouteille.
— Tu bois, on le détruit, après on cause ! Tu pues, non ?

Je l'adorais, Steph. Tout était simple avec elle. Pas d'embrouille métaphysique. Un chat est un chat, point barre. En l'occurrence, un empaffé reste un empaffé, point barre. Elle l'avait jamais aimé.

Lave-vaisselle

C'est quels mots dans la phrase « avant de partir au boulot, fais tourner le lave-vaisselle » que tu comprends pas ? Comment ça je m'énerve ? MAIS NON JE SUIS PAS ÉNERVÉE ! Je suis fatiguée ! MOI AUSSI JE RENTRE DU BOULOT non mais l'autre, on dirait qu'il a le monopole des journées de merde ! Enjambe les sacs des gosses au lieu de les ranger et voilà ! Je dois tout faire dans cette baraque ! Ça me gonfle ! Tu dis rien ? Pourquoi tu dis rien ? Et souris pas, ça m'énerve ! Et les fleurs, c'est pour quoi ? T'as un truc à te faire pardonner ? J'en veux pas de tes fleurs ! Tu te rends compte qu'elles sont mortes là ? Tout ça parce qu'il y a des mecs comme toi qu'en achètent, c'est lamentable !

Tu fuis ? Pourquoi tu te barres ? Non, tu vas pas pisser, j'ai mis de la javel alors t'attends et dorénavant tu pisses assis ! Tu vas rester planté dans l'entrée ? Viens m'aider à faire à bouffer ! Oh pis non, de toute façon, tu fais tout cramer, t'es pas doué ! JE SUIS PAS EN COLÈRE, combien de fois faut que je te le dise ! J'en ai marre, c'est tout ! Comment, de quoi ? De tout, de toi, de tout ! Je cours toute la journée et toi, t'arrives la bouche en cœur avec un bouquet de fleurs mortes, ça, c'est sûr t'es pas essoufflé, t'en fous pas une. Même mettre le lave-vaisselle sur *On* ça te dépasse !

Tourne pas dans la cuisine, reste pas dans mes pattes, t'as vu quelle heure il est ? Les gosses vont encore aller se coucher à point d'heure ! Bah oui c'est de TA faute ! Non pas tout ça à cause d'un lave-vaisselle ! Et la ramène pas ! Le pain, y va aller tout seul sur la table ? Et cette fois avant de prendre le dernier morceau tu me demandes si je le veux (?) Oui, tu ne l'as fait qu'une fois mais c'est une fois de trop ! Non mais quelle impolitesse ! Comment ça, c'était en 1993 ?
Bah tu vois moi je l'oublierai jamais ! JAMAIS !

Euhhh, oui je veux bien un verre, tu me le sers t'es gentil. T'es gentil quand même. Ah oui, un petit massage des pieds, ça détend. Elles sentent bon tes fleurs. T'es quand même un mec en or, tu sais. Oui, je t'aime.
Je t'aime mais…

Message à l'univers

J'ai fait tout comme t'avais dit. J'ai affronté des tempêtes, au propre comme au figuré, en gardant la foi. J'ai essayé d'aimer mon prochain avec bienveillance et ça n'a pas toujours été simple. J'ai suivi des cours de Reiki – Tai Chi – Feng Shui, tout ce qui se finit en chi, et j'en ai bavé. J'ai attendu que les orages passent et je suis repartie en guerre.

J'ai médité, fait du yoga. J'ai bouffé du *OM* son originel à toutes les sauces. J'ai débloqué mes cons de chakras, nettoyé mon aura. Je bouffe plus que des pousses et la lumière m'abreuve. Je tends la main aux enlisés. Je dis merci pour chaque épreuve que tu mets sur ma route. Et Dieu sait que t'as pas été tendre. Mais soit. J'ai encaissé. J'ai lu Ruiz et ses accords, Tolle, Chopra, Walsch et tous les autres.

Et ? C'est quoi ce bordel ? Je te demandais pas grand-chose en échange mais là t'as dépassé les bornes de mes limites. J'en peux plus. J'ai dû faire un truc de travers, c'est pas possible. Tu me vois là ? Tu m'entends ? Parce qu'à un moment donné, donner donner, ça suffit pas. L'autre dans la chanson il dit : *Dieu vous le rendra*. Mais il dit pas quand. Et c'est maintenant que j'en ai besoin, pas dans 5 ans. Alors tu te bouges le cul et t'arrêtes de regarder ailleurs.

Rencontre du 4e type (Sauce Covid)

Assouvir un besoin fondamental, voire primaire, devient le parcours du combattant. Le vrai. Avec les fils barbelés, les chiens et les tours de guet… J'hulule, comme prévu, tapie dans un fourré devant sa maison. Nous avions convenu qu'il allume la lumière du patio dès que les enfants et les voisins seraient endormis. Je devais ramper en silence jusqu'à la porte de derrière.

Il a plu hier. La lumière s'allume. La séduction s'éteint. J'avais mis une belle robe pour l'occasion, l'herbe et la boue s'en régalent. Mon brushing se noie dans les flaques. J'arrive défaite à la porte. J'ouvre. Gel hydroalcoolique posé sur la console de l'entrée. Il est tellement attentionné. Gants et masques à discrétion. J'en ai la larme à l'œil. J'enfile le tout. Il est à l'étage. Il m'attend. J'ai hâte.

Je monte les escaliers en mode Ninja. Je tombe nez à nez avec mon reflet dans le miroir. L'effroi. Un recul involontaire. Mon talon glisse et je dévale les escaliers dans un vacarme de tous les diables. Les enfants sortent de la chambre. Les voisins alertés appellent la police… Je m'intéresse de plus en plus à l'amour tantrique…
Et vous ?

La culotte

J'ai touché le fond. Je l'ai su ce matin en enfilant ma culotte. Une en coton élimé, sans fanfreluches, sans dentelles, de celles qu'on ne jette pas tant elles sont confortables. La couleur d'origine a disparu, un des élastiques pend. Une horreur. Mais je suis bien dedans. Rien qui gratte. Rien qui se fourre là où ça doit pas. Confortable. Et là, j'ai su que j'avais abandonné. Une culotte et tout s'éclaire. J'ai lâché l'affaire. J'y crois plus. Et même si l'occasion se présentait, elle serait l'ultime barrage car jamais au grand jamais, sauf dans le noir total je n'en supporterais l'effet castrateur. Je ne suis pas Bridget et il y a peu de chance que je rencontre Hugh Grant. J'ai tellement honte ! Comment ai-je pu en arriver là ? Moi qui arborais guêpière avec fierté il y a deux ans à peine. La loose. Je crois que la dernière fois que je l'ai portée, celle-là, j'étais mariée. Depuis des années, je précise. J'insiste. C'était la fin. Je dis pas ça pour me dédouaner mais un peu quand même. J'ai pas fait d'efforts, j'en suis consciente. Tout ça n'explique pas comment j'ai pu en arriver là…

Un divorce sanglant, un amour perdu, une trahison sans nom. Oui. Mais après. Parce qu'il y a eu un après. Après, les fanfreluches étaient de retour. L'aventure. Les aventures. Et là, c'était la fête de la dentelle, du rouge guerrier, du noir tempête, du blanc virginal, des bas et des porte-jarretelles galères mais tellement sexy. J'étais au comble de la féminité. Deux ans. Et ce matin, j'enfile l'infâme. La rebutante. Celle qui dit : c'est fini. Tu cherches plus. T'as jeté l'éponge. Je suis K-O. Hors circuit. Plus cotée en bourse. Ce n'est pas arrivé du jour au lendemain. J'ai écumé les sites de rencontres, je me suis pliée aux jeux sournois des photos, des profils débiles qu'il fallait remplir, des cases à cocher pour se définir. Les algorithmes ont eu raison du peu de motivation qu'il me restait. 50 ans c'est pas vendeur. Je suis plus sous garantie constructeur. Terminé.

J'hésite, mais à l'heure où je vous parle, j'ai enfilé un jean sur la maudite culotte, elle résiste. Je lance une prière à l'univers. Hugh si tu m'entends… Viens me sauver… Je t'attends…

L'amour Amor

L'amour est mort dans l'œuf. Je vous ai raconté l'histoire de ma culotte et si vous avez suivi, ma vie manquait cruellement de piment. Enfin de ce piment-là. Et à l'heure où mes espoirs s'étaient éteints arrive X. Sur le papier, tout était parfait. Les bons mots. Ceux qui me plaisent. La courtoisie de ses phrases. Les formules adaptées. Tout collait. Donc, commence une longue et enivrante relation épistolaire. Tout cela était d'un ravissement total. Des semaines durant, à force de longues lettres, je me suis surprise à avoir envie d'en rencontrer l'émetteur. Enfin ! me suis-je dit, le réveil de la force. Je jette donc l'infâme toile de tente qui me sert d'excuse. J'accepte un rendez-vous en tout bien tout honneur. Ne mettons pas la charrue avant les bœufs. Et même si je dois bien l'avouer (et je sais qu'à vous je peux tout dire), j'espérais la charrue, au diable les bœufs, je ne me voyais pas lui sauter dessus au premier vrai rendez-vous. La peur d'avoir en face de moi un homme, qu'au final, je ne connaissais que sur le papier, m'oppressait. Et s'il n'était pas celui que j'attendais. Et si je n'étais pas la femme qu'il espérait...

La rencontre fut parfaite. À la hauteur de nos espérances communes. Une communion de pensée, une attraction physique.

Tout y était. Mais conservant mon indécrottable sens du romantisme et lui de la bienséance, nous nous sommes quittés sans vraiment nous toucher. Pensant qu'à ce jour succèderaient de nombreux lendemains et qu'ils seraient sans fin. C'était à Québec, la veille du confinement. Je me mettrais des baffes. À moi et à mon sens du romantisme à la con. À lui et à sa bienséance. Mais j'en suis là.

Les longues lettres se sont épuisées autant que l'envie. À quoi bon convoiter ce qu'on ne peut pas toucher.

La maudite culotte trône à nouveau sur mon séant et je crois bien que son règne ne fait que commencer.

Frissons

L'esbroufe

777 rue de l'Esbroufe, ça ne s'invente pas une adresse pareille. Je ne comprends même pas qu'elle continue à y vivre et, pire, à y officier. J'ai cru à une blague quand mon amie me l'a conseillée. Une divinatrice-prophétesse-voyante-super-extra-lucide spécialisée dans les régressions quantiques. Ça ne s'invente pas un truc pareil. Je suis désespérée. Mon psy me prend 60 balles la séance, et plus on creuse, plus le trou est profond. Je suis prête à tout. Même à croire qu'une de mes vies antérieures bloque mon évolution.

Mon amie m'assure qu'une séance avec « Madame PITHY » règlera mes problèmes. Je n'ai plus rien à perdre. Arrivée devant la porte, je me sens minable mais je sonne quand même. Une petite bonne femme toute ronde m'accueille, une fourchette à rôti dans la main. Elle l'essuie sur son tablier et me demande avec autorité de l'attendre dans le cagibi qui lui sert de salle d'attente. Deux chaises en formica jaune, un pouf en simili-skaï. Le grand luxe. Un brouillard entêtant d'encens et un bouddha en plastique achèvent le tableau. J'éternue bruyamment. Je l'entends crier de la cuisine :
— *C'est le mauvais œil qui sort !*

Le fou rire me brûle les yeux. Je dois sortir de là. À peine le temps de me lever qu'elle apparaît et me demande de la suivre.

Un couloir étroit éclairé par un néon. Ses hanches frottent de chaque côté du mur. Elle sort une clé de sa poche et ouvre une porte cachée derrière un épais rideau en velours beige sale. Elle se tourne vers moi, colle son doigt puant l'ail sur ma bouche pour m'intimer au silence.

Nous pénétrons dans la pièce. Le contraste est saisissant. Une verrière en guise de plafond. La lumière du soleil inonde une pièce immense, immaculée. Des plantes vertes suspendues, d'autres serpentant sur des treillis posés contre les murs. Toutes tendent vers le ciel. Des tapis moelleux et des coussins invitent au repos. Au centre trône un guéridon en bois exotique, les pieds ciselés représentent trois serpents qui se rejoignent en son centre. Deux fauteuils crapauds l'encerclent. D'un geste, elle m'invite à y prendre place.

Toujours silencieuse, elle prend un jeu de cartes usées, le tapote trois fois avec son index puis retourne la première carte. Un symbole vert étrange apparaît. Elle me regarde longuement. Se lève, pose son poing fermé sur mon plexus solaire en appuyant rythmiquement. Je n'ose pas parler. Sans me quitter des yeux, elle saisit ma main. Je ressens une forte pression sur ma poitrine qui me coupe le souffle et je perds immédiatement connaissance.

Une fulgurance. Je flotte. Je vois mon corps endormi sur le fauteuil. Je sens qu'elle m'attrape la main et m'entraîne. Nous traversons la verrière et sommes happées par un tourbillon de lumière multicolore. Tout défile à grande vitesse. Ma vie. Mes vies. Celles d'hier. Celles de demain. Des corps multiples mais une seule âme. Toutes liées. Des souffrances profondes aux joies intenses, je ressens la justesse de chaque émotion. Je suis légère, libre, enfin ! L'amour est partout, il m'inonde, me submerge. Puis, tout s'arrête. Le néant s'installe. Je tombe et réintègre mon corps. Mes paupières sont lourdes, je n'ai pas envie de me réveiller dans ce monde de plomb. La voix de Madame PITHY me ramène. *Tout ira bien maintenant.*

777 rue de l'Esbroufe. Les apparences sont souvent trompeuses.

L'amande

Je vais mourir dans quelques minutes. D'un accident domestique. J'aurais souhaité mourir avec panache. Il n'en fut rien.

Je n'avais pas attendu qu'il rentre, je m'étais servi un verre de vin et m'étais écroulée sur le sofa. J'étais épuisée. Les clients avaient signé le contrat après ma présentation. J'avais passé ma journée à courir. Sauf de 5 à 7. Je m'étais accordé une pause détente avec Paul, mon amant. Il avait eu raison du peu d'énergie qu'il me restait. Mais quelle journée ! Flamboyante, vibrante, excitante, c'était tout moi !

La voiture pénétra dans l'allée. Je me préparais mentalement à arborer le masque de la parfaite épouse. J'en avais l'habitude. Mon mari, bien que socialement accompli et plutôt bien fait de sa personne, m'ennuyait mais me procurait une sécurité financière que je ne pouvais ignorer. Je feignais. Mentais. Trompais. Sans vergogne et sans culpabilité. Il déposa ses clés dans le vide-poche de l'entrée et, d'une voix légère, lança une bombe.
— Bonjour mon cœur, tu as passé une belle journée ? Comment s'est passée ta présentation, ils ont signé finalement ? Au fait,

j'ai rencontré Patrick ce matin… Tu sais Patrick, le frère de Paul, tu connais Paul il me semble, non ?

Là, j'avais perdu de ma superbe et pour tout dire, mes mains commençaient à trembler. Je serrais mon verre en espérant qu'il ne remarque rien.

— Oui, je crois. Il a travaillé avec nous quelque temps mais je ne sais pas ce qu'il est devenu – j'avais essayé de prendre un air détaché mais ma voix tremblait – je suis épuisée, pardonne-moi mon chéri. La journée fut longue.

— J'imagine oui ! répondit-il sèchement.

Je l'ai senti immédiatement. Au ton de sa voix. Il savait. Il s'est approché de moi un verre à la main. Il a pris ce qui restait du mien. L'a bu d'un trait et m'a tendu un verre plein, en souriant.

— Le cépage est meilleur que celui que tu as ouvert. Bois et dis-moi ce que tu en penses.

La peur brûlait mes entrailles. Je devinais le poison qu'il avait versé dans le verre.

— Bois ! dit-il avec autorité.

Mes mains tremblaient de plus belle. Des larmes me brûlaient les yeux. Il restait là. Debout, face à moi, attendant que mes lèvres touchent le velours putride.

Sans doute pris de remords en voyant les larmes couler sur mes joues, il s'assit à côté de moi et me prit dans ses bras.

— Ma pauvre chérie, tu es bouleversée, ta journée a dû être vraiment éprouvante. Tu sais quoi… je vais te faire couler un bain. Un bon bain chaud, voilà ce dont tu as besoin. Ne bouge pas ! Je m'occupe de tout. En attendant, goûte ce vin, s'il te plaît, je voulais en acheter une caisse, mais j'aimerais être certain qu'il te convient.

Il monta les escaliers et disparut dans la salle de bain. J'en profitai pour vider le verre du liquide visqueux qu'il contenait. Une fois le verre rincé, je le remplis à nouveau du vin que j'avais moi-même ouvert en rentrant.
— Tu fais quoi ?

Je sursautai, le verre m'échappa et se brisa sur le sol carrelé de la cuisine. Je ne l'avais pas entendu descendre.
— Ne bouge pas ! ordonna-t-il sèchement. Puis, d'une voix qui se voulut plus douce, reprit.
— Je ne voudrais pas que tu te blesses, ma chérie.

Il ramassa ce qui restait du verre et tendit dans ma direction le plus gros morceau aux arêtes saillantes. Ses yeux brûlaient d'un feu que je n'avais encore jamais vu.
— Regarde ! dit-il. Regarde comme ce morceau pourrait être dangereux. Tu aurais pu te couper sérieusement. Un accident domestique est si vite arrivé. Tu dois faire attention, Mélanie. Il jeta les bouts de verre avec précaution. Ton bain est prêt, je pense qu'il te fera le plus grand bien. Tu es à fleur de peau ce soir, dit-il en caressant d'une main mon cou.

Il avait raison, ce bain me ferait du bien, je devais retrouver mes esprits et surtout me faire venir une idée pour me sortir de ce guêpier. Je plongeais donc un pied dans une mousse parfumée, chaude et bienfaisante. Un peu trop chaude. La main tendue pour atteindre le robinet, mon pied glissa et ce qui devait arriver arriva. Mon corps bascula en arrière et ma tête heurta... le coussin de bain que mon mari avait installé. Heureusement, plus de peur que de mal. Je m'en sortirai avec un bleu ou deux, mais rien de bien grave. Je me laissais, pour le moment, engloutir par cette eau régénératrice aux vertus apaisantes. Il frappa doucement et pénétra dans la salle de bains en peignoir, les cheveux mouillés.

— J'ai pris une douche en bas pour ne pas te déranger mais je ne veux pas rester les cheveux mouillés ce soir. Tu permets ? dit-il, en extirpant le sèche-cheveux du tiroir.

J'étais prise au piège. Je n'aurai pas le temps de sortir de la baignoire. C'était fini. Il fixa mes yeux dans le miroir et le brancha.

— Tu es livide mon ange, dit-il. Aussi blanche que la mousse de ton bain. Tu me fais peur. Tu veux que j'appelle le docteur ? N'attendant pas ma réponse, il mit en marche l'engin de mort et commença à sécher ses cheveux.

J'étais pétrifiée par la peur. Je n'arrivais plus à parler. Il sifflotait. Débrancha enfin l'appareil et le rangea dans le meuble.

— Tu me rejoins en bas, je t'attends. Au fait, tu sais que Patrick n'a plus aucune nouvelle de son frère Paul depuis plus d'un an ? Ils se sont brouillés à cause d'une histoire de... succession, je crois. C'est triste, tu ne trouves pas ?

— Oui ça l'est, répondis-je. J'essayais de cacher le soulagement provoqué par cette nouvelle. Il ne savait pas. Ne pouvait pas savoir. J'étais en sécurité.

— Je te rejoins en bas tout de suite, mon chéri.

Je me séchais rapidement et, ayant retrouvé un peu de ma contenance habituelle, le rejoignis sur le sofa. Il avait rempli deux verres de vin et disposé quelques amuse-bouches en accompagnement. Nous trinquâmes à la vie, l'amour, pour que tout dure toujours. Et moi, silencieusement, pour que jamais il ne découvre ma trahison. Le vin était bon. Il avait raison. Je grignotais de bon cœur, l'orage était passé.

Une amande. C'est une amande qui causa ma mort. Une de ces amandes salées qu'on picore dans les mélanges de fruits secs. Elle m'asphyxia. Une fausse route banale. Et pendant que je m'étouffais, mon mari me regardait me débattre, en souriant. Il savait. Je rendis mon dernier souffle, les yeux injectés de sang, sur le tapis du salon.

Esprit

Le verre ne casse pas. Lancé avec force, pourtant, sur le mur en béton, il se contente de vaciller et atterrit intact sur le tapis moelleux du salon. Pas de bris. Pas de son. Juste un petit bang qui ne suffit pas à calmer ma colère. Pire encore. Tu souris. Immédiatement, je regrette d'avoir choisi le mur. Impassible, le rictus à peine voilé, tu continues à te taire. Tu me défies.

Je choisis mes mots, cassants, coupants. Des mots qui me brûlent, des mots qui font mal. Ceux qu'on ne dit jamais par peur. Ceux qu'on ne voudrait jamais avoir à dire. Tu te contentes de ramasser le verre et le poses délicatement sur la table basse. Tu ne m'entends pas. Ce n'est pas la première fois que les objets volent, que les portes claquent. Tu en as pris l'habitude. Je ne suis plus rien pour toi. Je n'existe plus. Tu passes à côté de moi sans un regard. Tu ouvres le frigo et commences à préparer le repas. Je n'ai pas faim. Je me sens vidée.

La colère se dissipe peu à peu et fait place à la tristesse. Profonde. Intense. Je pleure en silence. Tout est fini. Je monte dans la chambre ; je suis si fatiguée mais le repos ne vient pas. Je devrais partir, je le sais, mais ne peux m'y résoudre. J'entends la porte qui s'ouvre, c'est elle. Tu l'invites tous les soirs à présent. Tu es amoureux. Ça ne durera pas. Ça ne dure jamais. Je lui ai crié de partir, j'ai hurlé même, mais elle est toujours là et mes forces s'amenuisent. J'ai de la peine pour elle. Elle ne te connaît pas et ne sait pas encore de quoi tu es capable.

La lumière du patio s'allume, tu l'enlaces et l'entraînes sous la tonnelle. C'était mon endroit préféré. Quelle ironie ! Tu m'y as enterrée. Je vous regarde danser, boire et rire, et juste en dessous, mon corps se putréfie. Je ne suis plus qu'une âme errante avide d'une vengeance que je n'aurai jamais.

La dinde

Il y avait toujours une dinde sur la table à moitié dévorée, des os et de la chair ruisselant de jus. J'étais restée assise sans bouger quand Benoît, mon cousin, avait sorti l'arme et tiré. Ma grand-mère fut la première à tomber. Une balle en pleine tête. Puis ce fut au tour de ma tante, sa mère. Il visa moins bien et dut s'y reprendre à deux fois avant qu'elle ne vacille, puis finisse par s'écrouler.

Je me souviens du silence. Nous étions vingt à table et personne n'a crié. Enfin, pas tout de suite. Ils étaient tous pétrifiés. En quelques secondes, la mort s'était invitée à notre table. Sans un mot, Benoît mit le canon de l'arme dans sa bouche et tira, faisant exploser la baie vitrée derrière lui. La nappe blanche était constellée de morceaux de chair sanguinolente et de bris de verre.

Mes oncles se ruèrent vers les deux femmes au sol. Elles étaient mortes. Ils les secouaient, les prenaient dans leurs bras, criaient, pleuraient. C'était fini. Enfin !

J'étais arrivée en retard comme d'habitude. J'avais toujours abhorré les réunions de famille mais j'avais fait une promesse à

Benoît. Je devais y assister. Je pourrais mentir et dire que je ne savais pas ce qui allait se passer. Mais je savais. En détail même. Puisque c'était mon œuvre. J'avais même trouvé l'arme qui allait servir au massacre. C'est moi qui avais instillé lentement le poison dans son esprit fragile. Presque trop facile.

Benoît était malléable et psychologiquement instable. Nous avions grandi ensemble dans une famille dysfonctionnelle. Je l'avais aidé à ma manière. Je lui procurais sa drogue et ses antidépresseurs. Je lui avais farci la tête aussi facilement qu'on fourre la dinde. Il avait tenté de se suicider à plusieurs reprises et, à chaque fois, je l'avais sauvé in extremis. J'étais devenue sa bouée, son ancrage, la seule à qui il faisait vraiment confiance.

Un morceau de la cervelle de Benoît flottait dans mon verre de mousseux. Les bulles le balançaient de haut en bas sur les parois en cristal de Baccarat. Mes oncles avaient appelé la police. Une de mes tantes s'était assise à mes côtés et me serrait très fort la main, pensant que le choc m'avait tétanisée. Elle pleurait.

Tout était d'une beauté absolue. Le sang maculant la nappe d'une blancheur virginale, le reflet du cristal dans les morceaux de chair, les cheveux gris de ma grand-mère devenus aussi noirs que de l'encre.
Non, je n'étais pas pétrifiée, j'étais sidérée par la splendeur du chaos. Je goûtais aussi, pour la toute première fois, à la terreur des miens.

Ce n'était pas mon premier meurtre mais celui-ci, je dois bien l'avouer, resta longtemps mon préféré. J'avais 20 ans. J'en ai 50 aujourd'hui, et je vais vous dire un secret : je n'ai jamais arrêté.

Virus

L'effet Covid

Les derniers souffles de nos mémoires qui agonisent. La peur est partout. Elle est arrivée ici aussi, soufflée par tous les vacanciers de retour de la semaine de relâche, les *snowbirds* de retour de Floride. Peu de morts encore, mais nous n'y couperons pas. Il est partout. Le printemps est là, sans nous. Il prendra donc son temps et s'alanguira, tout à son aise, réveillant d'un sommeil paresseux tous ces êtres merveilleux dont le cœur vibre tout autant que le nôtre. Un peu de répit. Pourvu que cela suffise. Un peu de répit pour sauver ce qui peut l'être encore.

Je vois ces hommes fous espérer le retour d'une vie normale, une économie qui était déjà morte et dont on trouve enfin le coupable. Une civilisation qui s'éteignait à force de nous. Je vois ces hommes qui sauvent des vies. Ceux que la séparation forcée réunit enfin. L'amour au-delà de la peur. Au-delà de tout. Je vois les mains tendues gantées, les sourires, la compassion, la bienveillance et le retour de valeurs surannées. Le partage. Et puis il y a le silence. Un silence de vie alors que la mort rôde. Un silence qui guérit. L'effet Covid. Un silence qui, enfin, nous rapproche de notre centre. Ce que l'on veut. Qui l'on est. Non, pourvu que rien ne soit jamais plus comme avant.

L'influence

Portes fermées. Corps à bout de souffle. Infos en continu. Ça tabasse. Ça vocifère. Le désaccord. Il aura fait couler beaucoup d'encre. Il aura tué aussi. Du pain béni pour certains. Des chiffres. Alarmants. Ils parlent de courbes, d'extension. Ils disent sur les surfaces. Ils disent peut-être dans l'air. Et puis non. Ils disent médicaments. Et puis non. Et nous, confinés. Aspirés. Pollués.

La colère monte, elle nous étouffe. L'asphyxie gagne. Faire confiance. Oui mais à qui ? Je zappe, France, Québec. Ça gronde. L'Italie, l'Espagne en pleine tempête. On nous le répète. Il faut avoir peur. Nos vies sont en jeu. Mais quel jeu ? Le risque. Un virus qui enfin dévoile. Un virus écran de fumée. Je ne veux plus voir. Les corps entassés. Les infirmières à bout de souffle. Je me sens coupable. Responsable.
Je débranche.

Le silence. Et tout se replace. L'équilibre. L'humanité, la mienne, la vôtre, la nôtre. L'espoir qui, peu à peu, renaît. Le sourire, enfin. Le partage. Le retour aux sources. L'amour qui, partout, en vague déferle. Les liens qui se tissent. Et la fraternité. Un nouveau souffle. Une nouvelle ère.

Les truffes

Lente et progressive. Une reprise tout en douceur. Sans vagues et sans heurts. Ils choisiront qui. Ils choisiront quand. Juste pour s'assurer, qu'enfin s'épuise, le monstre à picots envoyé de l'Est. Ils le suggèrent. Désignant l'infâme par qui le drame s'est abattu sur nos vies, nos familles. La vilenie. Maintenant que les méchants sont désignés, on pourra enfin respirer. Oui mais non. On portera des masques pour se soustraire à l'autre et on laissera nos enfants s'additionner dans un miasme immonde. Un bouillon de culture.

À nos morts qui se multiplient, on ajoutera la somme de toutes ces petites entreprises familiales qui se meurent. De tous ces artisans, qui, de leurs mains, créaient des morceaux de bonheur. De tous ces lieux festifs qui nous faisaient oublier la rudesse de nos vies. De l'art qui, sans public, s'éteindra. La somme de nos peurs qui nous éloigne de l'autre. De nos voisins, de nos familles, de nos amis. De tous ces cœurs qui s'isolent. De tous les corps malades que l'on ne soigne plus. Des esprits mis en déroute par le confinement. Pour nous sauver. On perdra notre liberté. Quand la peur est le geôlier, la vérité prend le large.

Mais le doute s'immisce et il fait taire la peur.

Le plan

Un retour à la vie qui se ment. Pas la vie d'avant. Sans l'autre, je m'asphyxie et contre lui, je contamine, je véhicule, je propage. La distance tue, le savais-tu ? Elle tue l'amour qui, sans partage, s'éteint. Elle tue l'humanité, son cœur. Les mains qu'on ne tend plus, les peaux qu'on ne touche plus. Par peur.

Dans la valse-hésitation, je me suis perdue. L'incohérence d'un plan qui se veut rassurant. Ils se servent des enfants. Tantôt boucliers, tantôt vecteurs mais à qui se fier ? J'aimerais être convaincue, pour suivre aveuglément. J'aimerais croire, pour renoncer. Mais voilà. On me vole ma vie d'avant. On expose mes enfants. Ma chair, mon sang. Sans certitudes. On efface les rires, les embrassades, les retrouvailles. On étrangle les lieux de partage. Le monde est occupé. Par la peur. Par un virus. Par ceux qui parlent, ceux qui ne savent pas.

Je me sens mutilée. Une partie de moi s'éteint. La meilleure, car sans l'autre, je ne suis rien. Sans vous. Sans les sourires des gens que j'aime. Sans pouvoir serrer, dans mes bras, mes amis. Sans partager les rires, les tristesses, sans sentir ta main sur ma peau qui me rassure. J'avais choisi la solitude par peur d'aimer. La solitude comme un rempart. Mais aujourd'hui, je sais. La distance tue. Le savais-tu ?

Les hyènes

La terreur nous a surpris. Une onde de peur s'est propagée. Nous, prisonniers volontaires, rebelles réfractaires, inconditionnels sceptiques dont le destin semble lié, cherchons au-dehors les réponses au grand mystère. L'issue. La survie. La colère qui gronde monte peu à peu les marches pour atteindre l'inaccessible. Les étoiles que nous avons placées dans notre ciel font bien pâle figure. La rumeur. Le socle se fissure. D'aucuns se raccrochent encore à ces hommes demi-dieux enchevêtrés dans les mailles d'un filet qu'ils ont eux-mêmes cousu. Fil après fil, nous les avons laissé se déployer. Nous avions besoin d'être guidés. Dociles comme nous l'avons toujours été. Condamnés à rester dans sa case, sa caste. À de maigres exceptions, il n'était pas permis de vivre plus grand. D'aimer plus loin. De rêver plus fort.

Aujourd'hui prisonniers, mais hier ? Exploités. Bafoués. On nous a fait croire que la liberté se méritait. Qu'elle avait un prix. Que pouvoir consommer était être libre. Que travailler était être libre. Nous goûtons aujourd'hui plus qu'hier à la liberté d'être. Celle de partager. De penser. De douter. Celle d'enfin voir que nos libertés étaient orientées. Nous n'avons jamais vraiment choisi. Nous nous sommes calqués. Par faiblesse. Par dépit. Par usure. Par foi. Et parfois, un tout petit rien bouleverse l'ordre établi. Et parfois, ce qui nous semblait juste, pour maintenir l'équilibre, explose. Et tout se remet dans l'ordre. Ce petit rien qui tue. Qui tue trop. Trop vite. Ils ne peuvent l'arrêter. Car un jour, dans leurs priorités, la santé a été écartée.

Des hyènes qui s'écharpent donnent à présent l'exemple de notre fraternité. Ils n'auront sauvé personne puisqu'ils ont tué.

La mascarade

Je ne les ai pas crus. J'avoue. C'était loin tout ça. Puis c'est devenu réel, palpable. L'image du monstre envahissait nos écrans. Une boule à picots. Atroce. Un monstre invisible, l'ennemi. La carte d'un monde tout rouge, envahi, mais nous étions en guerre. Les chiffres alarmants. La pénurie frappante. Indigne d'une terre civilisée. Pendant que le rouge progressait, pendant que nous étions en guerre, sans armes, sans masques, sans ressources, l'offensive était lancée. Dans les médias. Débats après débats. Sur le terrain, en première ligne, ça tombait dur. D'épuisement, de tristesse, de consternation. Ils ont préféré fuir pendant que nous nous battions. Renoncer pendant que nous avancions. Tourner le dos à de possibles traitements pendant que nous enterrions nos morts.

Je ne les ai pas crus quand ils ont parlé de guerre. Eux qui ne vont sur le terrain que pour serrer des mains. Ils n'ont pas vu la peine. Ils ont ignoré notre douleur. Notre impuissance. Pendant que des hommes et des femmes étouffaient. Ils palabraient. Ils n'ont pas conduit les troupes. Les chefs de guerre. Une mascarade. Une guerre, sans arme, était perdue d'avance. Ils ont sous-estimé le courage de nos troupes. Ceux qui perdent aujourd'hui demanderont des comptes demain. Et ils auront le soutien de ceux qui, même confinés, reconnaissent la valeur des hommes de bien.

La source

Du joli tissu, des fleurs, des animaux, deux élastiques et le tour est joué. Le-Tour-Est-Joué. Ce bout de tissu, qui assurément deviendra une habitude, n'est pas un accessoire de mode. Il n'est pas un apparat. Puissiez-vous y mettre de la dentelle qu'il ne le serait pas plus. Il est l'étalage de la peur. L'armure protectrice. Contre les autres. L'ennemi. Des lignes tracées, un chemin directeur, des consignes ânonnées, des regards menaçants. Deux camps.

Virus. Et le masque devient cheval de Troie. La ruse. Je sais ce que vous pensez, j'ai choisi mon camp. Mais le choix n'est pas, on se conforme, je me conforme. Je regarde le canasson comme un chapeau de magicien. J'attends. J'espère qu'une colombe en sortira, parce que je suis comme ça. Cette saleté aura fait sortir le meilleur mais aussi le pire. Il a été l'ombre jetée sur mon rêve.

J'ai quitté la France mais à présent, elle me manque. Cette France qui ne se soumet pas. Cette France qui doute. Ces râleurs invétérés. Ces rois de la polémique et de la contestation. Je vous entends, de loin. Et lorsque le silence se fait, j'entends mon cœur battre à l'unisson avec le vôtre. Je me sens française. Je l'avais oublié.

Réveil

Le jour viendra. À l'heure de nos retrouvailles, nous oublierons la peine. Quelques instants. Tout ce qui nous a été enlevé aura une saveur d'éternité. Un goût de pardon. Nous aimerons. Plus fort. Plus vrai. Le ciel, seul gardien d'un monde désert, d'un monde sans nous, retrouve enfin ses couleurs.

Dans nos refuges silencieux, à peine entamés par les brailleurs, nous retrouvons le sens. Nous sommes l'Histoire. Nous serons le gouvernail. Que ceux qui ont laissé la vie, ces mémoires à jamais endormies, le legs de vies, qui ont su traverser les époques, ne soient pas vains. Le jour viendra où l'air ne sera plus vicié. Où les combats nous sembleront futiles. Non, nous ne sommes pas en guerre. Nous sommes enfin en paix.

Quand les portes s'ouvriront à nouveau, nous pourrons choisir. Il n'est pas un naïf qui ne croit en l'espoir. Je laisse aux intellectuels de tout bord choisir leur horizon. Je laisse aux politiques de tout parti l'utopie de croire qu'ils seront nos sauveurs. À l'aube d'un jour nouveau, je reprends mon pouvoir. Ma vie. Mon monde.

Remerciements

À mes abonnés, mes fidèles lecteurs, ce livre n'aurait jamais vu le jour sans vos encouragements et votre bienveillance. À mes amies de toujours : Stéphanie, ma première lectrice qui, sans complaisance mais avec beaucoup de tact, m'indique toujours le chemin à suivre, et Delphine, mon Maître Capello qui, par son amour de la langue, ne laisse rien passer. À mes enfants, Valentin, Damien, Romane et Gabriel, qui m'encouragent depuis toujours. À mon groupe d'expression littéraire de Québec qui m'a redonné confiance et à Julie, ma prof préférée, tes défis et exercices m'ont réveillée. À Christine, mon amie, pour son talent littéraire et son ouverture au monde. À toi, Alex, pour ton amour. À André, Dan et la « gang » pour m'avoir supportée dans tous les sens du terme. À vous qui me lisez aujourd'hui pour la première fois.

À la vie, à l'amour, au partage et à tous ces maux qui nous permettent d'évoluer.

Table des matières

Imprimé en Allemagne
Achevé d'imprimer en octobre 2021
Dépôt légal : octobre 2021

Pour

Le Lys Bleu Éditions
40, rue du Louvre
75001 Paris